「史記」の人間学

雑喉 潤

講談社現代新書

1775

はじめに

中国の古典のなかで、日本人にいちばんよく読まれてきた書物の双璧は『論語』と『史記』である。もちろんほかに白楽天《はくらくてん》の詩集である『白氏文集《はくしもんじゅう》』とか、唐代の詩の詞華集である『唐詩選』などがあるが、それらは時代によって、かなりはやりすたりがあった。時代を通じて、いわば安定した読者を持ったのが『論語』と『史記』だった。

人間の修養と社会の規範のための経典だった『論語』とは違って、『史記』は何千年か前の、中国の原初形態の国家から、『史記』の著者司馬遷《しばせん》が生きていた、いまから約二千百余年前の、当時の現代までの歴史すなわち「通史」を書き記した書物である。

『史記』とはほぼ「歴史の記録」という意味である。それは司馬遷より約三百年前に生きたギリシャのヘロドトスが書いた『歴史』と同じ意味を持つ。二人とも大著述家であると同時に、大旅行家であった点もよく似ている。書斎で思索することが主体ではなく、書くために足で現場を踏むことに精を出した人であった。

しかし二人の著作の違いもはっきりしている。ヘロドトスは古代東方世界に君臨した大帝国ペルシャが、新興国ギリシャに遠征して敗北し、その結果新旧世界が交代する成り行きを叙述の中心に置いている。つまり世界の中心は移動するのである。

これに対して司馬遷の『史記』の世界は移動しない。はじめから「中華」の地が与えられている。この中華の世界は、原始的な時代の「聖王伝説」を遺しながら、国家として確立し、興亡ごとに膨張する。移動はしないけれども発展するわけである。その中華の世界の大きな柱が「本紀《ほんぎ》」であり、これを「世家《せいか》」といういくつもの支柱が支えている。「世家」とは代々つづいたお家柄というほどの意味だが、時によってはかなり変わった世家が現れる。ヘロドトスのエジプトやスキュティアなどの諸国史は、世界の中心の移動の大きなうねりのなかにはさみこまれ、「世家」とほぼ同じ役割を持つ。

さらに『史記』では「列伝《れつでん》」が光彩を放つ。司馬遷より約二百年後のギリシャ人プルタルコスは、ギリシャとローマの傑出した人物の伝記を『英雄伝』に書き表し、後世のナポレオンを感激させた。やや乱暴にいえば、司馬遷の『史記』はヘロドトスの『歴史』と、プルタルコスの『英雄伝』を総合した大著といえよう。

司馬遷とヘロドトスは、二人とも、単に事実を羅列するだけでなく、事実を記録することに強い情熱を抱いていたが、情熱の性質が違う。

司馬遷は、抽象的な思考の過程および結果を書きつらねるより、具体的な事実に即して自分の意図を述べたほうが、より深い人間の真理に達するのだという信念を持っていた。『史記』の末尾の「太史公自序《たいしこうじじょ》」に孔子のことばを引き、「我、これを空言に載せんと欲するも、これを行事《こうじ》にあらわすの深切著明なるに如《し》かざるなり」といったのは、ほぼそんな意味である。

ヘロドトスには、現実の歴史をつづりながら、未来を予見しようとする熱意がみなぎっている。すでに伝説の時代から起こっている東西抗争の遠因と近因をこまかく分析し点検した結果、まだ決着はついていないが、やがて西の新興ギリシャ的世界が、東のペルシャ的世界を打倒して覇権をにぎると予見した。予見はみごとに当たった。

司馬遷は未来への予見はしなかった。それよりは先に述べたように、過去の歴史を深切に記録に遺すことを、未来へのメッセージと考えていたふしがある。はたしてそれは後世の心ある人々によって読み解かれ、『史記』の名声を不朽のものとした。

二人の歴史記述の性格はこのように違う。しかし大衆性という点では似ている。ヘロドトスの『歴史』の訳者である松平千秋によると、ヘロドトスは自著のさわりの部分を各地で口演し、それによって名声を得、収入も確保できた、とある。してみれば「読み切り講談」の自作自演のようなものであり、ホメロスの『イーリアス』の朗唱と似た趣《おもむき》を持っていたようである。

これに対して、宮廷史家として生活を保障されていた司馬遷には、そのようなパフォーマンスはなかった。しかし『史記』のさわりの部分、たとえば「鴻門の会《こうもんのかい》」とか、「四面楚歌《しめんそか》」などは、後世よく劇化された。もっとも顕著な例は、宝塚歌劇の「虞美人《ぐびじん》」であろう。

「虞美人」は、長与善郎《ながよよしろう》の『項羽と劉邦《こううとりゅうほう》』にもとづいて、白井鉄造が演出したものだが、原典である『史記』の「項羽本紀」を出ることはできなかった。司馬遷が決定的な場面を文章によって造形してしまったから、後世の何人といえども、その枠組みから出られない。だから宝塚の「虞美人」の原演出家は司馬遷だということになる。原著作に大衆性がみなぎっていたから、二千余年を隔てた現代にもアピールするのである。

東洋史学者宮崎市定《いちさだ》は「身振りと文学――史記成立についての一試論」というユニークな論文で、司馬遷はたとえば「鴻門の会」など、盛り場での語り物を熱心に聞いて、自分の文章に採り入れた形跡があると述べている。ヘロドトスのように自分が語ったのではなく、人が語ったものの大衆性を尊重したわけである。

宮崎はさらに、その後おびただしく出た史書はすべて、『史記』のいきいきした文章に立ち返ることはなく、すべて形骸と化してしまい、皮肉なことにその精神は『三国志演義』や『水滸伝《すいこでん》』のような俗文学によって、ある程度まで達成された、と指摘する。史書の典型とされた『史記』は、あとにつづく史書（『史記』を含め「二十四史」といわれる）にではなく、意外なところに影響を及ぼしたわけである。『史記』が二千余年を隔てた今日、中国でも日本でも愛読されているのは、文学性とともにこの大衆性に負うところが大きい。いや『史記』の文学性とは、ほとんど大衆性である、といっても過言ではあるまい。

日本中世の軍記物語、『保元物語《ほうげんものがたり》』『平治物語』『平家物語』などには『史記』からの引用、とくに呉越《ごえつ》の興亡と漢楚《かんそ》の争覇からの引用が非常に多い。軍記物の読者は日本史の上の興亡と、中国史の主な出来事を重ねあわせて学んだわけであり、それが当時の身分ある人々の教養となっていた。

今日『史記』を読むことは、『史記』の内容をつかむと同時に、飛鳥時代に遣唐使が『史記』を持ち帰って以来の日本人の教養史の重要な一面を探究することにもなるだろう。

とはいってもわたくしにはまったく自信がない。『史記』に関しては、古来日本でも立派な仕事が多い。現代では吉川幸次郎の「史伝の文学」というエッセイ、武田泰淳《たいじゅん》の『司馬遷　史記の世界』、貝塚茂樹の『史記』をはじめ、朝日中国古典選、岩波文庫、平凡社中国古典文学全集などの優秀な現代訳が出ており、それらに付け加えられた解説もすばらしい。いまさらなにをいう必要があろうと、たじろぐ気持が常に起こる。

だが『史記』の注釈書や解説書は非常に多いが、半面『史記』が人間をどう描こうとしたかについての研究書は、武田泰淳氏の労作以外には案外少ないのではないか。あえて蛮勇を奮って「人間学」に取り組んだ次第である。

目次

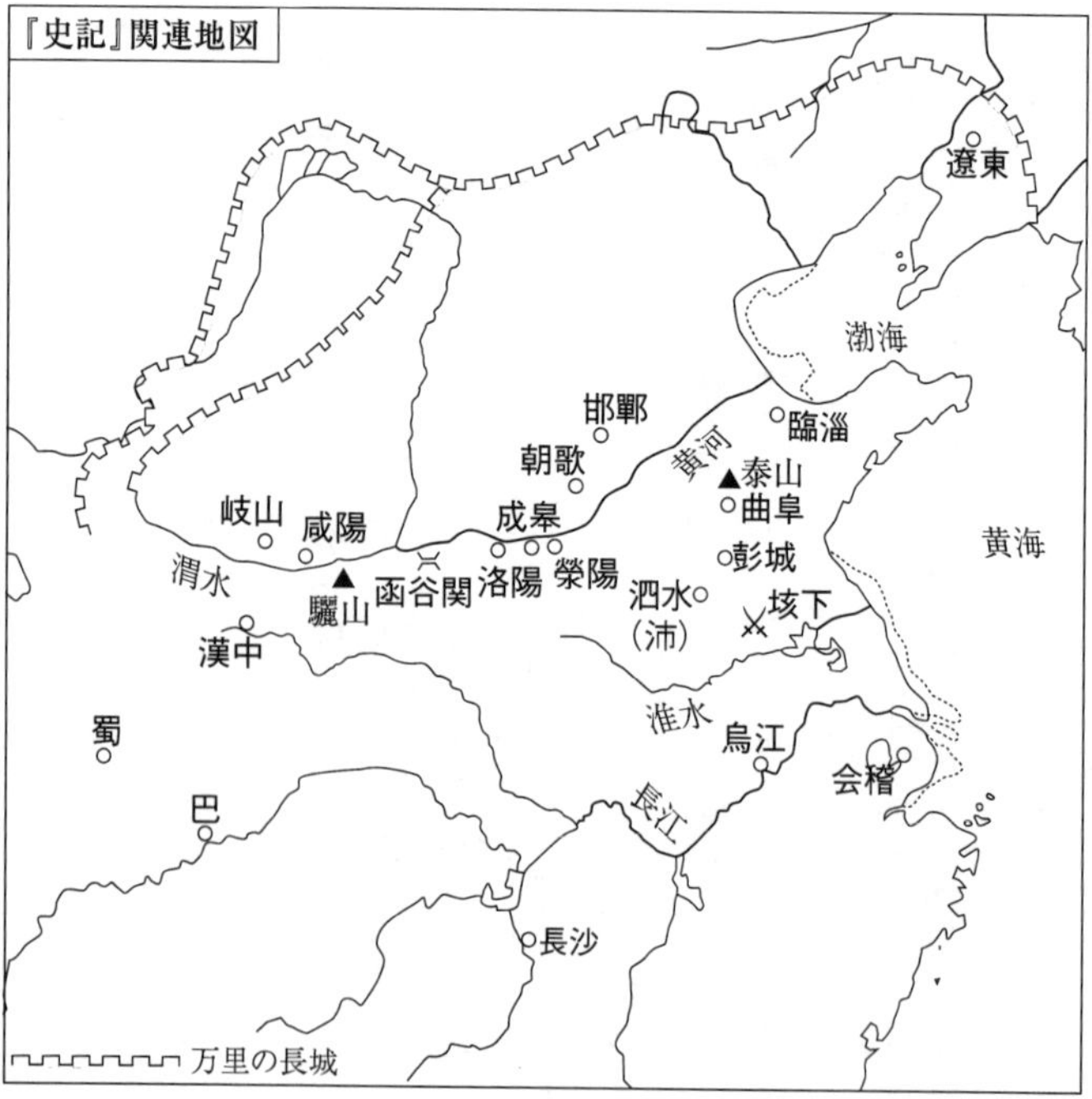

『史記』関連地図
遼東
渤海
邯鄲
臨淄
黄河
朝歌
泰山
曲阜
岐山
咸陽
成皋
黄海
彭城
渭水
驪山
函谷関
洛陽
滎陽
泗水
（沛）
垓下
漢中
淮水
烏江
蜀
会稽
巴
長江
長沙
万里の長城

第1章　『史記』を貫くひとすじの紅い糸

唐代に補われた「三皇本紀」

『史記』の日本語による全訳のなかには、「三皇本紀《さんこうほんぎ》」から始まっているものがある。「三皇」とは太皞庖犠氏《たいこうほうぎし》、女媧氏《じょかし》、炎帝神農氏《えんていしんのうし》のことで、すべて伝説といってさしつかえない。

もともとの『史記』には「三皇本紀」などはなく、それよりのちの時代とされる「五帝《ごてい》本紀《ほんぎ》」から始まる。五帝とは黄帝《こうてい》、帝顓頊《せんぎょく》、帝嚳《こく》、帝堯《ぎょう》、帝舜《しゅん》である。「三皇本紀」は唐《とう》代の『史記索隠《さくいん》』の著者司馬貞《しばてい》が補ったものである。

なぜ後代になって「三皇本紀」が加わったのか、本当の理由はわからない。「三皇本紀」によると、庖犠氏も女媧氏も蛇身人首、体は蛇で頭だけが人間だった。神農氏は牛首人身、なんだか謝肉祭の仮装のようである。「五帝」に至って初めて、人間の叡智《えいち》を持った指導者が現れる。司馬遷はこの時期を、自分が執筆する歴史の出発点とした。

司馬遷の時代にも人面獣身の怪物たちが活躍する説話はあったであろうと思われる。それだけではなく、天地が創造されることについての、なんらかの神話・伝説があったに違いない。

神話・伝説の集積があったというはっきりした証拠は、残念ながら伝わっていないが、それを思わせる例の一つとして、『楚辞《そじ》』のなかの「天問篇《てんもん》」がある。空の星や太陽の運行などについての素朴な疑問が述べられており、これに対する解答は、なんらかのかたちで存在したと考えられる。

また司馬遷とほぼ同時代の人である淮南王劉安《わいなんおうりゅうあん》が編纂した『淮南子《えなんじ》』がある。これは一種の百科事典であり、道家《どうか》思想の色が濃いが、「天文訓《てんもんくん》」という章に、天地の成り立ちを説いている。それによると、無であった宇宙に気が生まれ、清陽の気が薄くたなびいて天となり、重く濁ったものが凝結して地となった。だから天がまず形成されてのち、地が定まったのである、と述べる。

『淮南子』の説くところは、神が宇宙および天地をつくったという創造神話でなく、天地生成の経過を述べた生成神話であり、絶対的な造物主すなわち「神」ははじめから存在しない。

司馬遷は『史記』の「淮南・衡山《こうざん》列伝」に、淮南王劉長《りゅうちょう》・劉安父子のことを書いているから、当然『淮南子』の存在を知っていただろうが、これには触れていない。

『淮南子』は司馬遷の時代から八百余年隔たって編纂された『日本書紀』に大きな影響をおよぼした。『日本書紀』の巻第一、神代上《かみよのかみのまき》では、天地が分かれなかったあいだは、まるく集まってかたちが定まらなかったが、

「それ清陽なるものは、薄靡《はくひ》して天と為り、重濁《おもくにごれ》るものは淹滞《えんたい》して地と為る」と、ほぼ『淮南子』の通りを本文として記述し、天地生成を説明したのち、突如として国常立尊《くにのとこたちのみこと》という神が出現し、そのあと国生み神話と黄泉《よみ》の国伝説を経て、天照大神《あまてらすおおみかみ》の出現によって、本格的に人間的な神話の時代が始まる。

中国では司馬遷の時代から約千四百年を隔てた宋末元初《そうまつげんしょ》のころ、『史記』よりはるかに小ぶりな通史が生まれている。元に仕えるのをいさぎよしとしなかった硬骨文人曾先之《そうせんし》の著作『十八史略』である。

このコンパクトな通史は、中国の「国のはじまり」を、三皇時代からさらに二十一万六千年もさかのぼらせて、太古の天皇氏《てんこうし》、地皇氏《ちこうし》、人皇氏《じんこうし》、有巣氏《ゆうそうし》、燧人氏《すいじんし》の時代から述べ始める。これらは文字のない時代なので、くわしいことはわからないが、次の三皇の時代に易の符号や文字が発明されたので、神話から歴史時代に入ったのだとしている。

このように「国のはじまり」を、神話時代をも含めて、大幅にさかのぼらせたのは、曾先之の執筆態度から来ている。曾先之の時代は、モンゴル民族の元に中国全土が支配された時代である。曾先之は中国の輝かしい歴史は滅びたが、その輝かしさを次代の人々に知ってほしいと考えた。士大夫《したいふ》と呼ばれた知識階級より、むしろ広く一般国民に読んでもらうことを目的にした。

太古の神話時代をくわしく述べたのは、中国は元などと比較にならぬ古い国家なのだということを強調したかったからに違いない。『十八史略』は通俗書のようにいわれるが、本来は曾先之の高邁《こうまい》な民族意識にもとづいて生まれた著作だった。

なぜ創造神話がないのか

本来の『史記』にもどろう。『史記』は『楚辞』や『淮南子』の天地生成や、後世の『十八史略』が採用した建国神話を、みごとに切り捨てている。そして「五帝本紀」から書き起こした。五帝を歴史の始まりに据えたのである。

もっとも「五帝本紀」の筆頭の黄帝が、神農氏に取って代わったということは述べられているから、司馬遷も五帝に先立つ三皇の言い伝えはよく知っていたのだろう。だから黄帝を、中国史の絶対的出発点と考えたわけではなさそうである。

司馬遷は本紀、世家、列伝の末尾のほとんどに「太史公曰《たいしこういわ》く」に始まる自分の意見を述べている。「五帝本紀」の「太史公曰く」は次のようである。

「学者たちの多くが五帝のことを説くが、五帝の年代は、非常に遠い昔のことである。『尚書《しょうしょ》』は堯の時代のことからしか述べていないし、いろんな人々の黄帝について述べたものは、文章が典雅でないから、士大夫たちもはっきり説き明かしていない。

孔子が伝えた宰予《さいよ》問の『五帝徳《ごていとく》』と『帝繫姓《ていけいせい》』は、その後の儒者がほとんど学び伝えていない。しかしわたくしはかつて旅をして、西は空桐《くうどう》に至り、北は涿鹿《たくろく》に至り、東は大海に至り、南は淮水《わいすい》と長江《ちょうこう》に至ったけれども、土地の長老たちが、黄帝や尭舜の言い伝えを語るところはどこでも、風俗習慣が他の地方と異なっていた。だから『尚書』『春秋《しゅんじゅう》』『国語《こくご》』が語っていることが事実に近いことがわかる。

わたくしが『春秋』『国語』を見ると、『五帝徳』『帝繫姓』がでたらめでないことがはっきりわかる。ただ学者が深く考えてみようとしないだけだ。『尚書』には欠けたり、空白になっている部分が多いが、それらの多くは、ほかの史料で見ることができる。しかし学を好み深く考え、子細に了解する人でないかぎり、学問の浅い人にわかってもらうのは、はなはだむつかしい。わたくしはいろいろと研究し、そのなかの文章の典雅なものを選んで、この書物の第一篇としたのである」

ここには『史記』執筆の第一の眼目がしっかりと述べられている。

まず五帝の時代を非常に遠い昔といっている。それよりさらに遠い昔と伝えられる三皇時代にはとてもさかのぼり得ない。五帝の時代すら、信頼できる文献史料はきわめて少ない。しかしここで司馬遷自身の体験が出てくる。旅のなかで、長老たちが五帝の言い伝えを語る土地は、なにかしら風俗習慣が他の土地と違うのである。

それは神話ではない。かつて聖王が民族を率いて統治し、その遺風がいまなお遺っているのだから、事実にもとづいた聖王伝説なのであり、歴史は黄帝までなんとかさかのぼれるもの、と司馬遷は判断した。だから史料のなかのもっとも典雅なものをつづりあわせて、「五帝本紀」をつづったのである。

黄帝に始まる五人の聖王は人面獣身ではない。『論語』に出てくる「怪力乱神《かいりょくらんしん》」の要素ももちろんない。黄帝は反乱を起こした蚩尤《しゆう》と涿鹿の野で戦って敗死させ、天下を平定して、封禅《ほうぜん》の儀式を行っている。この涿鹿を、司馬遷が実際に訪れているのは、注目すべきことである。

黄帝の事業は帝顓頊、帝嚳、帝尭、帝舜に受け継がれ、五帝の治下の国土は、しだいに王道が布《し》かれた中華の地の趣をそなえてくる。

頂点にある五人の聖王を、司馬遷は神としてではなく、偉大な人格者として描く。そこには太古以来、歴史とは人間がつくってきたものだという主張がはっきり見てとれる。また聖王たちの業績は、たとえ不完全にしても、文字による記録として遺っているはずである。

中国の史書には「書契《しょけい》より未《いま》だ有らず」という表現がよく出てくる。「書契」とは文字のことで、古い時代には文字を木にきざみつけたので「契」(きざむ意)の字を使う。歴史は文字としてきざみつけられてはじめて人間の共有財産となる。この貴重な記録を尊重しながら、自分が歴史を書く。このあたりに「『史記』の人間学」の原点があるように思える。

『史記』の構成について

「はじめに」で少し述べた『史記』の構成を、ここであらためてくわしく説明したい。司馬遷の創始した『史記』の叙述方法を、後世では「紀伝体《きでんたい》」と呼び、『史記』につづく史書はすべてこの方法を踏襲している。「紀伝体」とはなにか。これについて、司馬遷自身が、『史記』の巻末の「太史公自序」に述べている。

　司馬遷はいう。

「わたくしは天下に散らばり、失われた古い伝聞を、もれなく集め、王朝の盛衰を観察し、夏殷周《かいんしゅう》の三代のあらましをたずね、秦《しん》と漢《かん》までを記録し、上は黄帝から下は今の世までを、十二の本紀に書きあらわした。これで歴史の大綱ははっきりしたが、並列した国々の年代を明らかにするために十の年表をつくった。礼や音楽、さらには暦法、軍事、治山治水、経済政策などを八つの書に記した。

　また天体では二十八宿の星座が北極星を取り巻き、また三十の輻《や》を持った車輪が、軸を中心に無限の運動をつづけるように、主君を中心としてそれに奉仕している人々の事績を、三十の世家に記した。さらに正義を保ち、人に屈せず、時機を失わず、功名を天下に立てた人物たちのために七十の列伝をつくった」

以上百三十篇、五十二万六千五百字を『太史公書《たいしこうしよ》』と自分で名づけている。これがのちに『史記』と呼ばれるようになった著述の全容である。

司馬遷はこのように「本紀《ほんぎ》」「表《ひよう》」「書《しよ》」「世家《せいか》」「列伝《れつでん》」というさまざまな歴史を総合して、立体的な複合歴史を書いたわけである。現代の歴史学から見ても、これははなはだユニークで、歴史的宇宙の創造とでもいうべきものだった。

現代の目で見れば、「本紀」「世家」は政治・外交史であり戦史も含んでいる。しかも「本紀」と「世家」は太陽と惑星のような関係にある。「表」と「書」は一種の文化史であり、「書」には経済史も含まれる。「列伝」は人物の伝記である。

「列伝」がもっとも小説的な興趣に富んでいるが、「本紀」でも「項羽本紀《こうう》」「高祖本紀《こうそ》」の興趣は「列伝」をしのぐものがあり、「世家」でも「越王勾践世家《えつおうこうせん》」や張良《ちようりよう》の事績をもに記した「留侯世家《りゆうこう》」の面白さは、「列伝」にまさるものがある。こんなところにも『史記』の文学性、人間性が遺憾なく表れ、後世多くの読者を持った理由であろう。

人間は悲劇的存在であることの自覚

『史記』のなかで「列伝」の表現がもっともはつらつとしており、人間の躍動を感じることができるということは定評になっている。それは司馬遷自身が書きたい人間、また書かねばならない人間、あるいは人間の群像を選びとって、その事績に、十分な肉付けをほどこしたからである。

司馬遷がなぜ「列伝」に、異常なまでの情熱を注ぎこんだかについては、あとでくわしく述べたいが、切りつめていえば、自分自身の悲劇的で苛酷な体験が根底にある。司馬遷はこの体験によって、人間がこの世に生きるということ自体の悲劇性を痛感したため、その悲劇性を、迫真力をもって表現したかったからであると考えられる。

そのためには、記録だけでなく、言い伝えや、言い伝えが仕方ばなしや簡単な劇になったものをも見聞し、いきいきした材料を集めたと考えられる。司馬遷の何度にもおよぶ旅は、そのような材料の収集に費やされた面が多い。

しかもこういった取材は、「本紀」や「世家」についてもなされた形跡があり、そこでは文章が精彩を放っている。たとえば「項羽本紀」の「鴻門《こうもん》の会《かい》」や「四面楚歌《しめんそか》」、あるいは「留侯《りゅうこう》世家」の「商山《しょうざん》の四皓《しこう》」などは、「列伝」の文章表現に似ていて、「列伝」と同じように高度の文学性を持っている。

『史記』の精華というべき「列伝」の第一に司馬遷は、伯夷《はくい》・叔斉《しゅくせい》を挙げた。「伯夷列伝」がそれである。

「伯夷列伝」については、あとでくわしく述べるつもりである。伯夷・叔斉の兄弟は、周の武王《ぶおう》が、東方の暴君、殷の紂王《ちゅうおう》を征伐しようと軍を起こしたとき、それは人の道にもとると諫言《かんげん》した。しかし諫言は聞かれず、征伐は強行されたため、兄弟は周の食物を口にしない決意をし、首陽山《しゅようざん》に隠れて餓死した。

司馬遷はここで「天道《てんどう》是か非か」という鋭い問いかけを発し、それをあえて列伝のはじめに置いた。これはいったいなにを意味するのか。この悲痛なことばは、司馬遷自身の悲痛な体験から出ている。少なくともそのように解することが可能である。

司馬遷の修史には二度の画期があった。最初は父司馬談《しばたん》の遺言だった。漢の太史令《たいしれい》だった司馬談は、病気のため、武帝が天下の支配者であるあかしに、泰山《たいざん》で行った天地を祭る封禅の盛儀に参加できなかった。漢代の太史令は、公式記録官と、星の運行から暦を定める天文台長のような役職を兼ねていたが、司馬談は、かつて周代に歴史を記すことをつかさどった先祖の業績を継ごうとしていた。司馬遷も同じ考えだった。父は司馬遷の手をとり、涙にくれながら、孔子の『春秋』の後を継ぎ、修史の事業を完成させてくれと説いた。

父の死後三年目、司馬遷は太史令となって宮廷に秘蔵されている文献をひもときながら、約七年、修史の事業をつづけた。

二度目の画期は悲惨なものだった。司馬遷の友人で、勇戦の末、匈奴《きょうど》の捕虜となった武将李陵《りりょう》を弁護したことが武帝《ぶてい》の激怒を買い、宮刑《きゅうけい》という男子にあるまじき刑を科せられたのである。宮刑とは死刑に次ぐ重い刑で、男の生殖器を取り去る刑である。

生き恥をさらす刑をあえて願ったのは司馬遷自身だった。孤立無援の悲惨な環境のなかで、修史の完成のためだけに命を長らえようとしたのだった。耐えに耐え、死ぬ思いをして文字を刻んだ。おそらくそのいとなみのなかから、司馬遷の歴史は、自分を含めた悲劇的存在としての人間を探究する方向に目を開かれたのだろう。もはや『春秋』の編年史の形式ではなく、もっと複合的で立体的な、歴史的宇宙の構成のなかに、人間の悲劇性を刻みつけるために、死力を尽くすことになった。「天道是か非か」の問いかけは、その死闘のなかからの叫びだった。

司馬遷はこの立体的な歴史に、ひとすじの紅い糸を通した。それは孤立無援のまま、正義を胸に抱いて世を去らねばならなかった、代表的な人たちの悲痛な叫びだった。伯夷・叔斉がそうだった。王道を実現できず「喪家《そうか》の狗《いぬ》」のように流浪しなければならなかった孔子がそうだった。必死の諫言が容《い》れられず、石を抱いて入水しなければならなかった屈《くっ》原《げん》がそうだった。広い意味では呂《りょ》不《ふ》韋《い》も韓《かん》非《ぴ》子《し》もそうだった。その末端に修史のため、生き恥をさらした自分がいる！　この紅い糸は、生きるということの悲劇的な意味を、読むものの心にも刻みつけるかのようである。

第2章　天下人の器

1　天下人の出現まで

禹は遍在する

ここにいう「天下人」とは、まず周《しゅう》の文王《ぶんおう》、武王《ぶおう》、次いで秦《しん》の始皇帝《しこうてい》のことである。わたくしは周の建国によって、全中国の国土を治める王朝がはじめてできたと考える。周以前は、なかば伝説の世界である。しかしそのなかにキラリと光る、真実味を帯びた人間像が、まれに浮かびあがる。まずその像を追いたい。

伯夷《はくい》・叔斉《しゅくせい》は「神農《しんのう》・虞《ぐ》・夏《か》のよい時代も、一瞬にして消えてしまった」と嘆いた。『史記』は「五帝本紀《ごていほんぎ》」から始まり、ここにいう虞とは陶唐《とうとう》・有虞《ゆうぐ》と並び称される堯舜《ぎょうしゅん》のうちの舜をさす。五帝の最後の帝である。

だから伯夷・叔斉の嘆きの歌は、五帝の前にあったとされる神農氏も含めて「昔はよかった」と回顧している。聖王のよき時代が、だんだんと悪くなり、周が殷を武力で亡ぼした殷周革命によって暴力を賛美するなさけない時代になったと歌われる。

『史記』の五帝についての記述は、はなはだ簡潔である。五帝に次ぐ夏王朝の本紀「夏本紀」もおおむね簡略である。そのなかで初代の禹《う》の治水事業だけが詳細に語られる。禹は父の鯀《こん》が治水事業に失敗して誅《ちゅう》されたのを残念に思い、十三年のあいだ家の閾《しきみ》をまたがず、事業に専心した。

生活は質素そのもので、そのぶん、鬼神への供物に意を用いた。陸上では車、水上は舟、泥沼ではソリ型のくつをはき、山道は特殊なくつをはいた。水準器と墨縄、コンパスと定規、測天器を肌身はなさず、全土を歩き、土地を開き、道をつけ、堤防を築き、山々を探査した。

司馬遷は禹の治水事業を「夏本紀」の記述だけでなく、漢の「司馬相如《しばしょうじょ》列伝」にもう一度なまなましく登場させた。相如は皇帝、政府の要人たちが、西南夷への道路開発と、交渉の道を開くのは無用であると主張したのに対して、蜀《しょく》の長老を批判するというかたちで、間接的に皇帝と政府を諫《いさ》めた。その文章のなかに禹が登場する。

「いにしえ洪水が起こって、至るところあふれ氾濫したため、民衆は登ったり降りたりして避難をかさね、かたときも安らかな暮らしができませんでした。禹はこの状況に深く心を痛め、堤防をつくって激流を防ぎ、河底を深く掘って流れを通し、洪水を分散させて災害を緩和し、奔流を東の大海に導き流したので、天下は長く安泰となりました。

このような労苦によって、ただ民衆だけが恩恵を受けたのでしょうか。そうではなく、天下ひとしく恩恵にあずかったのです。禹は毎日毎日、治水の計画を思いめぐらせ、しかもみずから労働にあたったのです。このため体はたこだらけで、白い肉がなくなり、肌はすりきれて、毛も生えなくなったのです」

禹の死闘を謳《うた》ったのは司馬相如だったが、相如の文を『史記』に採用したのは司馬遷だった。司馬遷は古代の記録から欠けて伝わらないものは、あえて補わず、疑わしいものは疑わしいままに遺したが、禹の業績と人間性を、司馬相如の文を借りて表現したところに、司馬遷のやむにやまれぬ「詩的発露」を見る思いがする。

禹ははたして実在したのか。

禹は遍在していた。現代も遍在している。中国各地を歩くと、禹の廟《びょう》は至るところにある。鄭州《ていしゅう》市の黄河展覧館には禹の彫像が置かれていた。開封《かいほう》市には禹王台《うおうだい》があった。杭《こう》州《しゅう》市にもあった。そして会稽《かいけい》山麓の大禹陵《だいうりょう》である。

禹の治水は現在も継承されている。治水とはなにか。黄河の場合、それは「治泥」である。もし三門峡《さんもんきょう》ダムが流量を調節するだけのダムなら、黄河が流す膨大な泥が堆積して次第に上流にさかのぼり、古都西安が水没する。いや二十世紀半ば過ぎ、その脅威が現実になりかけたから、ダムに大改修が施された。

そしていま長江に治水利水用の大ダム工事が進行している。このような治水は、そのまま「治国」につながっている。このことは禹以来、一向に変わっていない。治水とは、絶望とたたかうことかも知れない。太古に絶望と懸命にたたかった禹が存在した。それを信ずることが、現代の治水のたたかいの心の支えになっているのかも知れない。

夏殷・殷周の交代劇

禹が建てた王朝である夏《か》が滅びたのち、殷《いん》の湯王《とうおう》が王朝を創始する。だが殷が滅びて周が起こるという、何百年も隔てた二つの興亡は、非常によく似た面がある。夏の桀王《けつおう》は、美女末喜《ばっき》を寵愛《ちょうあい》し、むやみに暴力をふるったので、人心が離れ、諸侯のなかで徳の高い湯《とう》になびいた。そこで桀は湯を捕らえ、夏台《かだい》の牢獄に入れたが、やがて釈放した。人民の支持を受けた湯は、ついに桀討伐に立ち上がる。桀は、

「あのとき、湯を殺しておくべきだった」

と悔いたが、あとの祭りだった。

殷の最後の紂王《ちゅうおう》も暴虐がはなはだしく、人心が離反する。紂は酒と美女妲己《だっき》におぼれた。このころ西の有力大名の西伯《せいはく》（のちの周の文王）の人望が高かった。それをねたんで讒《ざん》言《げん》する者があり、紂は西伯を羑里《ゆうり》に幽閉した。西伯の臣下たちが紂に数々の贈り物をしたため、西伯は放免され、やがて亡くなるが、長子武王が大動員令をくだして紂を討ち滅ぼ

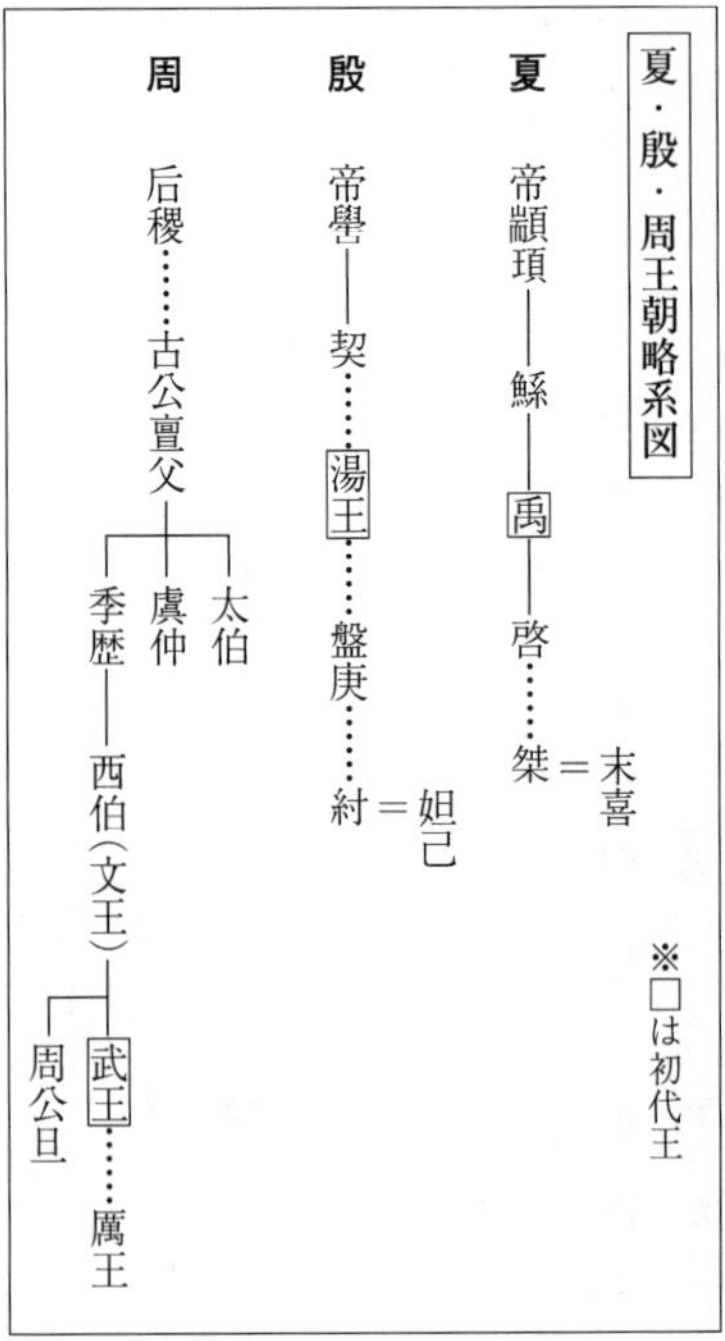

す。

桀も紂も美女におぼれて乱行のかぎりを尽くし、一度は幽閉した湯と、西伯の子の武王に滅ぼされるのは同じパターンであり、殷周の交代のほうが、非常にくわしく書かれていることだけが違っている。はたして夏殷の交代劇は、殷周とそんなに似ていたのだろうか。

「夏本紀」と「殷本紀」の「太史公曰く」はこれについて、なにも語らない。「殷本紀」

のほうでは、殷の先祖の契《せつ》の事績は『詩経《しきょう》』の商頌《しょうしょう》によって記し、成湯《せいとう》（湯王）以後は『書経《しょきょう》』『詩経』から採ったと記すだけである。湯が桀を討伐するときに宣言した「湯誓《とうせい》」は『書経』によったものであることがわかる。

殷王朝の代々の王は、湯から始まって第三十代（数え方によっては三十一代）の紂王までの名を『史記』は克明に記す。また二十代の盤庚《ばんこう》までに五度遷都《せんと》したとも伝える。これらは事実だったのか、百年前までは否定的な見方が多かった。だが一八九九年、安陽《あんよう》の殷墟《いんきょ》から甲骨文字の切片が発見されて以来、中国考古学の進歩は著しく、殷王朝の実態が姿を現した。

甲骨文字と『史記』の記載を照らし合わせると、三十人（ないしは三十一人）の殷王の実在と、盤庚以来の王が、河南省北部に都を置いて統治したことが確かめられた。夏の時代はともかく、殷についての『史記』の記述は正しかったのである。またいろいろの発掘物から放射性炭素の測定をすると、湯の創業は、ほぼ紀元前千六百年ごろとみられる。

殷は紂王の暴虐によって人心を失い、滅亡の道を歩んだ。『史記』によれば、紂は酒が好きで、酒におぼれた。また女色に迷い、美女妲己を愛し、数々の乱行に及んだという。

殷墟から出土した、二頭の馬が引く戦車は、メソポタミアの戦車に酷似しているという。鄭州の高さ十メートルの城壁の遺跡は、この戦車部隊の集団攻撃を防ぐためのものであったらしい。

これらの発見から、殷の人々は定着した農業民族でなく、牧畜をいとなみ、牧草を追って移動する習性を遺していたので、戦闘の面でも、馬に引かせた戦車集団による機動攻撃が得意だったのだろう。また王墓から出た卜辞《ぼくじ》には、盤庚の三代後の武丁《ぶてい》の妃の婦好《ふこう》が武勇にすぐれ、みずから一万三千の軍隊を率いて、西方の強敵を攻めた、とある。男まさりの王妃は、周の王姜《おうきよう》に引き継がれ、唐の武則天《ぶそくてん》に及ぶものであろう。

考古学も意外に人間的な側面をあらわす。殷人が酒を非常に好んだこと、しかし神様を拝んで酒ばかり飲んでいたのではなく、精強な戦車部隊によって、異民族を圧していたこと、そのなかには巴御前《ともえごぜん》のような勇猛な王妃がいたことなどを語ってくれて、正史の足りない面を補ってくれる。

2 殷の紂王と周の文王・武王

古公亶父の説話

周に先立つ殷帝国は、河南・河北・山東一帯だけでなく、山西・安徽《あんき》・湖北・湖南まで、つまり黄河流域だけでなく、長江中・下流までを勢力範囲としていた。そのことは遺跡発掘によって立証されている。

中国古代史の年代を計るものさしがはっきりしたのは、周の厲王《れいおう》が都落ちしたため空位となり、共伯和《きょうはくわ》という大臣が政務を執行した、いわゆる共和元年で、この年が紀元前八四一年に当たるとされる。それまでの年代は概算である。

したがって殷の末期に、周の文王（西伯）の祖父である古公亶父《ここうたんぽ》が、いったい殷の何王の時代にいたのかははっきりわからない。

古公の先祖の后稷《こうしょく》は帝嚳《こく》の正妃姜原《きょうげん》が、郊外で巨人の足跡をふんだため生まれた子で、尭が登用し、舜が農政をまかせ、陝西《せんせい》の一角に封じた。「姫《き》」という姓を与えられ、その子孫は、夏の代にずっと家を継承している。こんな記述を見ると、古代の歴代王朝が夏→殷→周と縦に継承されたのではなく、ほぼ同時代に併存したという夏殷周横並び説もなるほどと思われる。

古公の土地は豊かだったので、異民族にねらわれ、奪われそうになった。民は怒ってたたかおうとしたが、古公はいった。

「民をたたかいで殺しながら、主君でいることは、わたしには耐えられない」

一族は山を越え、岐山《きざん》（陝西省）のふもとに居を定めた。まるで「出エジプト記」のような話だが、もとの地や周辺から、古公の徳を慕ってくるものが多かった。古公の徳をたたえる歌は『詩経』にかなり見られる。

古公には太伯《たいはく》と虞仲《ぐちゅう》という子があったが、古公が末子の季歴《きれき》に生まれた昌《しょう》に、ゆくすえ家を継がせたいと思っていることをさとり、二人は出奔《しゅっぽん》して荊蛮《けいばん》の地に走った。これが春秋時代の呉《ご》の国の先祖とされる。また季歴の子の昌がのちの西伯文王だという。この説話は、なんらかの記録にあったものを、司馬遷が採用したのだろうが、どこまで信じられるだろうか。

殷国家のなかで、西伯の力は、かなり強力になっていたと思われる。「西伯」という称号そのものが、殷からもらったものである。しかし前述のように、西伯は殷のためにはならないと讒言するものがいたため、紂王は西伯を羑里に幽閉した。西伯は生命の危機にさらされたが、ここで覚悟を決め、易の奥義《おうぎ》の探究につとめたという。

西伯は臣下たちが紂王に美女や珍品、宝物を贈ったおかげで釈放された。贈り物が気に入った紂は、西伯に西方のかなり広大な国土の統治を委任した。時代は下がるが、日本で豊臣秀吉が、臣従した徳川家康の実力を認め、関東の大半を与え、半独立のような立場を黙認したのと似ている。その機会に西伯は土地を献上し、炮烙《ほうらく》の刑を廃止するように請願し、許可された。銅柱に油をぬって炭火の上にかけわたし、その上を罪人に歩かせ、足がすべって火中に落ちると焼け死ぬ酷刑が炮烙の刑である。これが廃止されたので、西伯の声望はあがる一方である。

紂王は本当に暴君か

紂は中国史の上で、暴君中の暴君とされている。桀紂とよくペアに並べられるが、紂についての記述のほうが、より具体的である。

紂は生まれつき聡明で、弁舌にたけ、頭の回転が早かった。人並みすぐれた体力の持主で、素手で猛獣を倒すほどだった。そのうえ頭が切れるので、臣下の諫言などはよせつけない。たくみに弁舌を弄して、いつも自分の非を正当化してしまう。大臣に向かっては自分の才能をひけらかし、天下に向かっては自分の声望を宣伝した。自分よりすぐれた人間などあるわけがないと思っている風だった。

酒と女におぼれ、とりわけ妲己を寵愛し、妲己のいうことならなんでも聞き、楽師に命じて淫蕩《いんとう》な音楽を作曲させ、粗野な舞踏を振り付けさせたりして楽しんだ。また民に重税を課して鹿台《ろくだい》の蔵に財貨を蓄え、鉅橋《きょきょう》の倉庫に食糧をためこんだ。また広大な地域から珍獣を集め、沙丘《さきゅう》の離宮に放し飼いにしたり、大勢の臣下を離宮に集め、池に酒を満たし、肉の林を連ね、その間を裸の男女に追っかけっこをさせる「酒池肉林《しゅちにくりん》」の楽しみに酔いしれた。

民衆の怨みがつのり、諸侯のなかからも批判する者があるのを聞くと、刑罰をきびしくし、火あぶりのなかでも、もっとも残酷な炮烙の刑を設けた。

最重要のポストである三公《さんこう》のうち九侯《きゅうこう》の美しい娘を側室にしたが、いうことを聞かないので、父娘とも殺し、父のほうを塩辛にした。あまりのことにこれも三公の鄂侯《がくこう》が諫めると、今度は鄂侯を乾し肉にした。残る西伯がこれを聞いて、ひそかにためいきをもらしたのを讒言され、羑里に捕らえられたのである。

以上は「殷本紀」の記述である。この暴君はどことなく、ローマのネロ皇帝に似ている。どちらも個人的な能力は、並みの人より格段にすぐれていた。体力だけでなく、知能も抜群だった。そのように優秀な資質を持った人間が、どうして悪逆無道をほしいままにしたのか。

紂の悪逆は、前五世紀の孔子のころ、すでに定説になっていたらしい。『論語』「子張《しちょう》篇」の子貢《しこう》のことばは、定説に対しての批判ともとれる。

「殷の紂王が善くないといっても、それほどひどいわけではなかった（あとから事実以上の大悪人に仕上げられたのだ）。だから君子は下流にいるのをいやがる。世界中の悪がみなそこに集まってくるからだ」

『列子《れっし》』にも「世界中の善はみな舜と禹と周公と孔子へ。世界中の悪はみな桀と紂へ」という語句がある。たしかにいったん悪のレッテルをはられると、身におぼえのないことまでどんどん増幅されることは現代でも珍しくない。

「殷本紀」にはさらに庶兄の微子《びし》が絶望して国を去り、王子比干《ひかん》は諫言したため心臓をえぐられて殺され、一族の箕子《きし》も狂気を装って奴隷に身を落としたと述べる。

しかし「殷本紀」末尾の「太史公曰く」では紂について、なにも触れない。「宋微子世家」の「太史公曰く」で『論語』をひいて、微子・箕子・比干を「三人の仁者」と孔子が賛えている、と記すのみである。もっとも「太史公自序」では、

「ああ箕子よ、ああ箕子よ。正しいことばは用いられずに、奴隷にまで身を落としたのか」

と悼んでいるが、直接紂を断罪したことばはどこにも見えない。

あるいは子貢のいうように、紂はそれほど暴君でなかったのかも知れない。しかしもしそうなら、紂を打倒した周の武王の正義はいったいどうなるのだ、というむつかしい問題に答えなければならない。

たとえば日本の豊臣・徳川の変わり目で、大坂城の豊臣秀頼を滅ぼした徳川家康は、下世話に「狸親爺」といわれてはなはだ評判が悪い。それは非力ではあったが、紂のように悪逆非道でない秀頼を、自分の覇権のために、さまざまな術策を弄して破滅に追い込んだとされているからだ。もし秀頼が大坂城で、父太閤が蓄積した財産を湯水のように使って「酒池肉林」の楽しみをほしいままにし、諫言する賢臣どもを八つ裂きにしていたのなら、家康の挙兵の「正義」は是認されたであろう。

紂が実は秀頼のような存在であったとすれば、輿望《よぼう》をになって紂撃滅を決意した文王、実際に撃滅した武王の立場は非常にまずいものになる。

はなしははるかに後代の後漢末のことになるが、ほとんど死に体の後漢に対して、魏王《ぎおう》曹操《そうそう》は簒奪《さんだつ》に立ち上がらなかった。群臣や隣国呉の勧めにも耳を傾けず、

「自分は周の文王になろう」

といった。この場合は、殷の国土のうちすでに三分の二をわがものにしながら、なお殷に臣従した文王を手本にしようというわけで、当時の情勢から、後漢の献帝《けんてい》を「桀紂と同じ」とみなすことができなかったのであろう。

かなりむつかしい問題にさしかかったが、先へ進もう。

武王の殷討伐

紂が西伯に次第に脅威を感じたことは事実である。西伯を幽閉したのもそのためだが、結局殺すことを思いとどまって、西伯の西方における勢力を是認し、西方の覇者と認め、西方を統治する大幅な権限を与えた。

これは西伯を懐柔に出たわけだが、西伯はこれを利用して、諸侯のなかでの人望を高める努力をし、かつ西方の異民族の領地を攻め取り、なおさら強大になった。この段階で、岐山からやや東の豊邑《ほうゆう》に都を遷《うつ》し「殷、討つべし」の決意を固めたが、強大な殷に対して西伯は慎重だった。準備に十年を費やしているうちに亡くなった。

子の武王も慎重だった。即位九年にして、太公望《たいこうぼう》の指揮の下、黄河を渡ったとき、白魚がはねて王の舟に飛び込むなどの瑞祥《ずいしょう》があった。盟津《もうしん》に会した諸侯は八百に達した。しかし武王は、

「君らは天命というものを知らない。まだだめだ」

といって軍を返している。

周は質朴な周辺民族だった。西伯の代に大きくなったといっても、富強を誇る大神権国家に迫るにはまだ恐れがあったと見るべきであろう。それに挙兵の失敗は許されない。殷の反撃をくらって潰滅《かいめつ》すれば機会は二度と訪れないだろう。情勢の深刻さが、武王を慎重

のうえにも慎重にさせた。

二年後に紂の暴虐無道はいよいよ激しくなり、王子比干を殺し、箕子を捕らえ、殷の楽《がっ》官《かん》が祭祀に用いる楽器をたずさえて周に逃げ込んだとき、武王ははじめて決断して諸侯に告げた。

「殷王の罪は重大だ。ただちに討伐しなければならない」

即位十一年にして、動員令はくだった。文王の位牌を奉じ、戦車三百乗、勇士三千人、兵士四万五千人が東征に向かった。伯夷・叔斉が諫言したのはこのときである。しかし武王は全軍を率いて盟津を渡った。諸侯はことごとく同調した。武王は「太誓《たいせい》」をつくって全軍に布告した。

「いま殷王は婦人の言を用い、みずから天の庇護《ひご》を断ち、正当な大臣たちを残害し、その父母・弟たちを遠ざけ、先祖の音楽を棄て、新しく淫靡《いんび》な音楽をつくり、婦人を喜ばせている。だからわたし発《はつ》(武王の名)は天の意志を執行し、彼に懲罰を行うのだ。努力せよ諸侯よ! われわれは一挙に功をなさねばならない」

二ヵ月にして武王は牧野《ぼくや》に迫った。すなわち当時の殷の首都朝歌《ちょうか》の郊外である。進撃は急だったが、殷のほうも兵七十万を動員して武王を防いだ。武王は太公望に命じて、兵士百人を率いて紂の前陣に挑戦させ、同時に大部隊を紂の軍に突入させた。

紂の大軍には戦意がない。心は武王によせているのだ。だから武器をさかさまに持って、武王の進む道を開いた。わずかの間に、殷軍は総崩れになり、紂は走って王宮に入り、鹿台に登り、珠玉を身に装ってみずから火中に身を投げて死んだ。

武王は諸侯の礼を受け、紂が死んだ場所に矢を三発射込み、側室たちの死に場所でも同様にした。翌日には道路を清掃し、社壇、宮殿をも整備した。紂の子禄父《ろくほ》を朝歌に封じて、殷の遺民を与えたが、まだ安定していなかったので、武王の弟たちに手助けをさせた。また箕子を釈放したり、神農、黄帝、堯、舜、禹の子孫をそれぞれゆかりの地に封じたり、さすがにやることにそつがなかった。

殷の紂王最期の地と伝えられる朝歌の遺跡

発掘が語る殷周文化

考古学上の発掘成果にもとづく殷文化と殷周の決戦について、貝塚茂樹はおおむね次のような見方をしている。

——卜辞から紂王が狩猟のようなスポーツ好きだったことははっきりしている。殷は西北地方の異民族を平定したのち、末期には東南方に勢力を広げ、東アジアの大帝国に成長した。壮麗な宮殿の建設や宝具の製造原料を求めるため、しばしば淮水《わいすい》一帯の「東夷《とうい》」に対して大遠征を行ったが、外征のすきにつけこんで、周が次第に強大になり、その東侵に気づかなかったのが、致命的な失敗だった。

剛健ではあったが、質素な部族だった周は、一挙にして殷王朝を滅ぼしたが、神権国家の大組織、巨大な王室宮殿、四方からの朝貢品をもとにして営まれた豪奢な都市生活にどんなに脅威を受けたことか。この印象が、亡国の暴君紂王の伝説に採り入れられたのである。——

そうすると酒池肉林に耽《ふけ》っていたのはなにも紂に限らない、後期の歴代の王はみなそうではなかったか、とも思われる。カルチャーショックの大きさこそ「暴君紂」の伝説の生みの親であることを、遺跡と発掘物がほぼ語っているとすると、史実は『史記』を越えることになるのであろうか。なんだか子貢のことばに近くなったようでもある。

殷の滅亡について、「殷本紀」の終わりの部分と、「周本紀」の始めの部分の記述は、いくぶん違っているものの、暴虐な紂を正義の武王が討ったという大筋は変わっていない。司馬遷のころは、周の記録しかなかったから、それによるしか仕方がなかったのだろう。現在では甲骨文や出土物が意外に多くのことを語ってくれている。『史記』をふまえながら『史記』を越えて、紂王と文王・武王の実像に迫るのは、これからの課題である。

ともあれ司馬遷は、殷周の変革期に、本紀・世家・列伝を通じて、さまざまな人物を登場させた。殷側では紂王、微子啓《けい》、箕子、比干、それに妲己、周側では文王、武王、太公望、伯夷、叔斉。これらの人々は、さまざまな軌跡を画きながら、それぞれの存在を示し、のちの世の人々に忘れられない残像をなげかけている。

3　秦の始皇帝

出生についての疑問

周の長い統治はいつしか乱れ、世は春秋戦国時代を経過して、秦の始皇帝が天下を統一する。春秋戦国時代は、中国の歴史上、まれにみる高度成長期で、また人材が輩出し、思想の高揚期でもあった。

それらは、『史記』では本紀、世家、列伝でいきいきと述べられている。おいおい後述するとして、周の文王・武王の約八百年後に天下をひとまわり大きいスケールで統一し、後世の中国に大きな影響を与えたのが、秦の始皇帝だった。

始皇帝といえば、一般には「焚書坑儒《ふんしょこうじゅ》」、価値ある文書をことごとく焼き、儒学者を生きながら穴埋めにした文化の破壊者、殺人狂のような暴君という印象を抱く人が多い。その再評価が行われたのは、一九六〇～七〇年代の中国文化大革命の時代だった。始皇帝は、孔子を中心とする奴隷主たちの貴族階級を打倒し、封建地主階級による中央集権的統一国家を樹立し、歴史の歯車を一歩前進させた人物であるというのである。文化大革命のまったただなかで、西安《せいあん》の兵馬俑坑《へいばようこう》が発見されるという、タイムリーな出来事もあった。

中国の歴史を、一貫して儒家《じゅか》と法家《ほうか》の闘争、すなわち儒法闘争の歴史と見て、儒家は常に反動的、法家は常に進歩的役割を果たしたと評価し、その最大の例が始皇帝による法家的統治だという「文革史観」が、いまの中国学界にどの程度浸透しているのか、まだよくわからないが、それでは司馬遷は、始皇帝をどのように描いていたのだろうか。

『史記』は始皇帝が秦の荘襄王《そうじょうおう》の子であり、荘襄王は人質として趙《ちょう》に送られていたが、呂不韋《りょふい》という富豪の妾《めかけ》を見そめ、惚《ほ》れ込んでめとり、始皇が生まれたと「秦始皇本紀」には、きわめて簡単に記す。

「呂不韋列伝」では、ことがらがくわしく、かつ複雑怪奇となる。

呂不韋は趙の都・邯鄲《かんたん》の女のなかで、容姿ことにすぐれ、舞いにたくみな女性を家に入れていた。身重になったことがわかったが、ちょうどそのころ、子楚《しそ》（のちの荘襄王）が彼女を見そめて所望した。呂不韋は腹を立てた。しかしこれも大魚を釣り上げる方便と思いなおし、身ごもっていることを隠して献上した。十二ヵ月たって、女は男児を出産した。これがのちの始皇帝であるという。

すると始皇帝は子楚の子ではなく、呂不韋の子である。『史記』のこの記述には、古来、反論が多い。『戦国策《せんごくさく》』などには記載されていない、また出産に十二ヵ月かかっているから、それ以前に身重になっていたのはおかしい、などなどである。

始皇帝（はじめは秦王政《せい》）の生母は荘襄王の夫人となり、荘襄王の死後、秦王政が王位に即《つ》いてから太后となり、もとの愛人の呂不韋は相国《しょうこく》となって威勢を振るい、仲父《ちゅうほ》と呼ばれるようになった。秦王政の叔父扱いである。

呂不韋と太后の関係はひそかに続けられた。太后はすこぶる淫乱だったらしい。呂不韋は発覚すれば自分の身が危険になることを恐れ、男性の象徴が非常に大きい嫪毒《ろうあい》という人物を捜し出して、宦官《かんがん》だという触れ込みで太后にあてがった。太后は嫪毒との間に二人の子をもうけた。

このことを告発する者があり、嫪毒とその三族および太后との二児は殺され、呂不韋は中央から追放されたのち、自殺した。

「秦始皇本紀」では、嫪毐は秦王の玉璽《ぎょくじ》や太后の印璽《いんじ》を偽造して挙兵したが、秦王に攻撃されて敗れ、嫪毐は車裂きの刑に処せられ、一族皆殺し、呂不韋も連座したとみなされて免職、のち自殺した、となっている。

司馬遷は呂不韋を「有名ではあったが、内容のかんばしくない人物」と評している。呂不韋自殺から十四年後、秦王政は戦国の六大国をことごとく滅ぼして、みずから「始皇帝」と名乗って天下の統治者となる。しかし自分の出生についての暗い疑問は、一生つきまとったのではなかろうか。

後進国から大国へ

周の国威は春秋戦国期に非常に衰え、洛陽《らくよう》周辺の一小大名のようになったが、秦を含む戦国七大国の活躍で、中国全体の領土は、周代よりひとまわり大きくなったことは先に述べたが、その大領土を統一して、秦は空前の大帝国を打ち立てた。

「秦本紀」によると、秦の祖先は遠く五帝の一人帝顓頊《せんぎょく》までさかのぼるという。「楚世家」によると、楚もまた帝顓頊に発するという。周の太公望から出た斉《せい》や、周の王室の子孫だとする晋《しん》、それが分かれた韓《かん》・魏《ぎ》・趙などよりはるかに古い家柄である。しかしこれは言い伝えに過ぎないもので、おそらく事実ではない。

五帝時代にすでに夏・殷・周だけでなく、秦・楚《そ》の祖先が諸侯として肩を並べていたという言い伝えは、先の古王朝並存説を連想させる。

それはともかく、西方の秦は、いかに家柄を誇っても、中原《ちゅうげん》の国々から見れば、異民族扱いの状態が長くつづいた。秦がはじめて諸侯の扱いを受けたのは周の平王《へいおう》の時代、周が異民族犬戎《けんじゅう》の侵攻を受け、東に移動する際、秦の襄公《じょうこう》が平王を護送してからである。

秦は穆公《ぼくこう》の時代に初めて諸侯の盟主になりうる実力を備えた。晋の放浪の王族重耳《ちょうじ》が帰国し、晋の文公《ぶんこう》となったことに対しては、穆公の助力が大きかった。しかし穆公が亡くなったとき、あまり多くの名臣が殉死《じゅんし》したため、国力が衰えた。

ふたたび強大になったのは、孝公《こうこう》の時代である。ずっとのちの清《しん》の時代に「変法自彊運動《へんぽうじきょう》」が起こったことがあった。法体系を近代化し、富国強兵の実をあげるという意味である。孝公が商鞅《しょうおう》を起用して推進したのは、まさに「変法自彊策」だった。孝公はしばしば東方に出兵して、穆公の失地を回復し、周の天子から覇者の称号を贈られた。以後、張儀《ちょうぎ》の巧みな外交策と、白起《はくき》ら名将の外征によって、秦は天下を望む大国となる。

「本紀」に記された容貌

このように見ると、秦王政がわずか十三歳で王位に即いたとき、秦国の礎《いしずえ》は、すでに固まっていて、仕上げを施す人物を待っていた状態だった。

即位直後から秦王政は、みずからの墳墓を驪山《りざん》に建設し始めた。これは歴代の王の習わしだったが、秦王政の墳墓の規模は並はずれていた。死後も安楽な生活をいとなめるよう、地下に贅美《ぜいび》をこらした。

近年発見されて世界の耳目を驚かせた無数の兵馬俑の列は、地下の安楽郷を守備する大部隊と見られる。兵士、部将の身長はすべて一・八メートル以上の偉丈夫《いじょうふ》で、これは当時の兵士、部将たちと等身大と見られる。これだけ精強な歩兵に加えて、四頭の馬に引かせた戦車、騎兵部隊の列。騎兵はもともと中国の軍備にはなかったが、趙の武霊王《ぶれいおう》が異民族の戦法を採り入れ「胡服騎射《こふくきしゃ》」(ズボン姿で馬に乗り、走りながら矢を射る)を採用してから、秦がそれをさらに強大にした。

名将白起がこの「近代軍」を率いて、長平《ちょうへい》で趙の主力を撃破し、降卒四十万人を生き埋めにしたのは、秦王政即位の十三年前だった。

しかし秦王政は、即位後、六国を滅ぼし、始皇帝となるのに二十六年をかけている。呂不韋事件や長平の戦いの後遺症もあった。長平で大勝したものの、秦軍も相当な打撃を受け、立て直しにかなりの時日を要した。また六国が協同して秦に向かってくることを避けるため、外交交渉に手間をかけた。

この外交や諜報活動は、東方の大国斉に対しては有効で、最後に残った斉は、戦意を失ったまま秦に降った。また北方の燕《えん》の太子丹《たん》は、秦とまともに戦って勝ち目がないと見ると、刺客を放って暗殺を企ててみごとに失敗し、秦の反攻を受けて滅亡を早めた。

秦の侵攻作戦は「遠交近攻の策」といわれている。遠くの国には親善の姿勢を見せ、近くの国を思いきり攻めて征服するのである。最後まで抵抗したのは南方の楚だった。

これらの会戦に秦王政の姿は見られない。少なくとも『史記』は、馬上颯爽《さっそう》と一軍を指揮する姿は描いていない。王は宮殿の奥深くにいて、第一線の将星（将軍）たちを冷酷に評価していたように見える。

「宋襄《そうじょう》の仁《じん》」ということわざがある。宋の襄公は、楚の軍が川を渡り終わるまで待って戦って負け、股に負傷し、それがもとで亡くなった。また呉王闔廬《こうりょ》は越《えつ》の奇計に敗れ、指の傷が悪化して亡くなった。息子の夫差《ふさ》に「父の恨みを忘れるな」と遺言している。

みずから全軍を率いて戦い、敗死したこれらの王の死の記述にはみごとな臨場感があり、それによって人間像が瞬間に表現されている味がある。しかし秦王政には、そのような個所がない。

進攻するとき、くどく恩賞を要求して、かえって異心のないことを王に知らせることができた（「白起・王翦列伝」）。

秦王＝始皇帝の感情表現では「激怒」ということばがもっとも多い。そして「激怒」のたびに、多くの人々が殺されている。

秦王＝始皇帝は、『史記』に記載されているだけでも、四度のテロルに遭って、そのつど助かっている。もっとも有名なのは「風は蕭々《しょうしょう》として易水《えきすい》寒し」で有名な、燕の太子丹の命を受けた荊軻《けいか》による暗殺未遂事件で、「刺客列伝」の最後を飾っている。荊軻は地図の巻物の末端にしのばせた匕首《ひしゅ》で秦王を刺そうとして果たさなかった。この情景描写は奇抜で、「時に惶急《こうきゅう》」「卒《にわか》に惶急」などということばが三カ所も出てくるが、これは「おっとどっこい」とか「はっけよいよいのこった」のような拍子のことばで、司馬遷は実況中継そこのけのように書いているわけである。

次に有名なのは、始皇帝となって東方巡遊の途次、韓の旧臣張良《ちょうりょう》（のちに漢に仕える）が、力持ちを雇って、博浪沙《はくろうさ》で百二十斤（約三十キログラム）の大鉄槌《てっつい》を乗車に投げつけさせた襲撃事件である（「留侯世家」）。鉄槌は副車の一台に当たり、始皇帝は無事だった。

二年後、始皇帝は首都咸陽《かんよう》で、夜おしのびで四人の部下とともに出かけたとき、盗賊に襲撃された。部下の奮闘で盗賊は撃退されたが、一時は窮地に陥った。

ら、李斯《りし》に自殺させられた韓非《かんぴ》は韓から来た。韓の公子だった。李斯は楚から来た。李斯は歯車の回転役として無類の才能を発揮した。

韓出身の男が、謀略活動をしたのが発覚したとき、王族出身の大臣たちは、他国者は一律に追放してくださいと秦王に迫った。このとき李斯は、それがいかに無謀なことであるかを、穆公以来の他国者登用の実績をあげて反論し、これは沙汰やみとなった。

他国から来た人々の政策立案と、秦の人である白起、王翦の用兵がうまく協同できたことが、秦の数々の勝利につながっていた。

用兵だけでなく、秦は軍備でも他の六国を圧していた。鋭利な鉄器の開発が進み、秦の武器が優秀であったこと、騎兵を使う機動戦でも抜群であったらしいことを、われわれは兵馬俑によって推察することができる。

「秦始皇本紀」にはしばしば二十万とか六十万とか、大兵力の動員が記述されている。日本の豊臣秀吉が朝鮮に展開した兵力が約二十万であり、ナポレオンのロシア遠征でもそれとほぼ変わらない兵力だったことを思うと、西暦紀元前にあって、これは驚くべき動員力である。

『史記』の記述に、多少の誇張はあるかも知れない。しかし秦の厳しい「罪刑法定主義」（犯罪と刑罰が、法律によってのみ定められること）の適用によって、受刑者が非常に膨張していたことが想像される。これらの受刑者が始皇帝の墳墓や、やがて計画される阿房宮《あぼうきゅう》、国道などの労役に使われることが常態となり、一朝ことあるときは兵力としても動員されたに違いない。

始皇帝の没後、陳勝《ちんしょう》（字は渉）らが蜂起したとき、秦は受刑者たちを急遽《きゅうきょ》軍隊に編成して、章邯《しょうかん》に率いさせて撃滅している。始皇帝の時代も、受刑者は常に予備軍のような役割を果たしていたのではないかと思う。

これらのことを考えると、秦の天下一統は、システムの勝利だった。長年にわたって、時には反対勢力のために後退しながらも、このシステムは完成品に近いものにまで織り上げられていった。ちょうどその時期に秦王＝始皇帝が出現した。

春秋戦国時代は、経済上でも未曾有《みぞう》の成長期だった。司馬遷はそれを「貨殖《かしょく》列伝」で活写している。越の名将范蠡《はんれい》は、主君勾践の許《もと》を去ったのち、行く先々で賢明な投資をして億万長者になった。孔子の高弟だった子貢すら、のちに物資の売買で大富豪になった。「貨殖列伝」中の人物ではないが、例の呂不韋は、諸国を往来しては物品の売買によって巨富を築き、そのカネを「奇貨《きか》」（すばらしい品物）である秦の人質公子に投資してみごとに成功し、秦の相国になった。

このように社会に活気がみなぎっていた時代に、秦は大きくなった中国を統一し、周の王道を受け継いだかたちになった。

冷酷無残な天下人の出現

非常に乱暴なことをいわせてもらうなら、このときの秦の統治者は、だれであってもよかったのではないか。もちろん赤ん坊や痴愚者では困るが、そこそこの成年男子なら、だれでもつとまったのではなかろうか。

『史記』にはそんな乱暴なことは書いてない。天下が定まったのち、丞相《じょうしょう》（首相）の王綰《おうわん》が、諸侯は亡び去ったばかりで、とくに遠方の燕・斉・楚などには王を置かないと鎮めるのは困難だから、諸皇子を立てて王とするようにと進言した。群臣は賛成したが、このとき廷尉《ていい》（法務大臣）だった李斯が敢然と反対し、周の治世の失敗にかんがみて、郡県制を布《し》くことを主張した。秦王は、

「廷尉の意見が正しい」

と天下を三十六郡に分け、郡には行政長官を置くことにした。以上が『史記』「秦始皇本紀」の記述である。これは始皇帝の明察というより、李斯の明察に始皇帝が同意を与えたのである。

帝号を議するとき、群臣は王の名称を改めることには異存がなく、いにしえの天皇《てんこう》・地《ち》

皇《こう》・泰皇《たいこう》のうち、もっとも貴い泰皇を尊号にする意見が支配的だった。ところが秦王は、「泰皇の泰を除き皇をのこし、上古の帝位の号をとって、皇帝と号することにする」と決めた。画期的といえば画期的だが、「三皇五帝」をつづめて「皇帝」と称したわけで、爾後《じご》、亡くなった君に諡《おくりな》をすることをやめ、数をもって二世皇帝、三世皇帝と称《とな》え、万世から無窮に伝えたい、という意向のほうが独創的で、始皇帝はここに誕生したわけである。また自分のことを「朕《ちん》」と呼ぶのも、命令を「詔《しょう》」と呼ぶのもこのときに始まった。

『史記』のこれらの記述を読むと、大革新のように見えるが、

「秦は水徳をもって立つがゆえに、法に照らして決し、冷酷にして温情や和気のないことが水徳にかなうとした。したがって法の執行は仮借《かしゃく》なく、罪を犯して長年発覚しなかったものは、すこしも容赦なく処罰した」

とも書いてある。罪刑法定主義を徹底させたことはもちろんだが、時効というものも認めなかったように読める。これでは伝説上の三皇五帝とまったく違った、人間の顔を持たない、冷酷無残な天下人が、この世に出現したことになる。

始皇帝の三事業

始皇帝となってのち、巡遊の途次に死去するまで、その事業はおよそ三つにしぼられ

る。統一、巡遊、不死への祈り、である。統一はまっさきに行政の革新、それに次ぐ大規模な都市計画、道路計画、やや遅れて万里の長城の修復がある。統一と巡遊の間に、天地を祭る封禅《ほうぜん》の儀式が行われた。

これらについて、『史記』の叙述は、淡々として事実を追うことに終始している。封禅の際の泰山山下の梁父山《りょうほざん》に立てた碑石の碑文、および瑯邪台《ろうやだい》を築いた記念の碑文は、全文を掲載しているが、どちらも格別の名文というわけではない。

このような儀式より、後世にとっては、始皇帝が進めた国土開発計画の実施のほうが重要である。国内に半独立国をつくる封建制は廃止され、全国は三十六郡に分けられた。このあたりから、秦帝国のシステムの歯車は、全回転を始める。

手始めに全国の武器を没収して咸陽《かんよう》に集め、鋳つぶしてつりがねと金人《きんじん》十二を鋳造した。豊臣秀吉もやった、いわゆる「刀狩り」である。金人の重さは各千石（十二万斤＝三十トン）もあった。次に度量衡《どりょうこう》（ます・はかり・ものさし）を統一し、車の幅も統一した。貨幣、文字、すべて統一である。

車の幅の統一は、全国に咸陽から放射線状の道路を建設し、馬車で疾駆するのに役立った。舗装のない当時、同じ幅の轍《わだち》が線路の役割をした。いまの高速道路と同じ意味を持った。

泰山の登山道

また全国の富豪十二万戸を都の咸陽に移住させた。亡びた諸侯の宮殿に模した宮殿を再築し、咸陽を彩らせた。始皇帝が新しく造営させた宮殿と並んで、咸陽は一挙に全国一の都会となった。

始皇帝の天下巡遊は、天下統一の翌年（前二二〇）から始まった。いうまでもなく、天下人の威勢を全国に示すためのもので、隴西《ろうせい》、北地《ほくち》を巡り、甘粛《かんしゅく》をまわって帰った。咸陽から全国に通じる放射線状道路の建設に着手したのはこの年である。

翌年（前二一九）の巡遊の目的は、山東の泰山に登り、天地を祭る封禅の儀を行うことだった。始皇帝は泰山の上で、土を高く盛って壇をつくり、天を祭ってそこに碑を立てた。しかし儀式の状態がどのようであったかは、なにも伝わっていない。封禅の儀そのものが、天子の秘事であるため、一般には公表されなかった。下山のとき、風雨が激しく、始皇帝みずからが松の木の下に雨を避けるありさまで、封禅が完全に行われたのか、すこぶる疑わしいという説もある。

「封禅書」によると、始皇帝は泰山へ巡幸のとき、斉・魯《ろ》にいる儒学者や博士を大勢お供に従えた。泰山のふもとに到着すると、儒学者のなかには、

「いにしえは、封禅のとき、蒲《がま》の穂で車輪をつつんだ車を用いたといいます。山の土や石、草や木をいためないためです」

などと意見を述べるものがあった。始皇帝がほかに意見を徴すると、人ごとに食い違って、とても実行できたものではない。そこで儒者を退け、さっさと車道を切り開いて、南から登ったという。どうもこのときから、儒者は始皇帝の信用を落としたらしい。

また始皇帝が泰山の坂で暴風雨に遭ったと聞き、封禅の礼から退けられた儒者たちは「それみたことか」とそしったとも書く。

この年は、始皇帝は山東の各地を巡歴した。南の瑯邪に達し、瑯邪台を築いて石碑を立てた。いま瑯邪台に立つと、広々とした海の広がりが一望の下に見渡せる。大陸国家の民である中国人は、昔から海を神秘なものと考えていた。おそらく始皇帝もこの巡幸で、初めて大海を見たに違いない。

不死の仙薬を求めて

瑯邪台の碑が完成したころ、斉に住む徐市《じょふつ》（徐福《じょふく》ともいう。日本では徐福として知られる）が

始皇帝に接近してきた。彼らは海のなかに三つの神山があるという。その名は蓬莱《ほうらい》・方丈《ほうじょう》・瀛洲《えいしゅう》といい仙人が住んでいる。願わくはこの地に童児・童女を派遣して、仙人を求めたい、という彼らの上書に、始皇帝は許可を与えた。仙人が持つ仙薬を飲めば不死となることができよう。天下人は普通の人間と違う、永世とか不死を求め始めたのであった。

また封禅の途中、暴風雨に遭ったとはいえ、この国家的な儀式を秘密にして内容を発表しなかったのは、この儀式が始皇帝自身の不死登仙を祈るものであったからだと考えられる。

このころから始皇帝は、徐市をはじめとして、山東一帯に住む方士《ほうし》たちを近づけ、その意見を聞き始めた。方士とは、地上に肉体の抜け殻だけを遺して昇天する術、老朽化した骨を取り替えて常に若さを保つ術、鬼神との交感を行う術など、永世と不死のための修練を行って、それに熟達したと称する専門技術者である。

始皇帝はずいぶん方士たちに惑わされた。徐市の仙人招致はみごとに失敗した。最近の日本では、徐市を主人公にしたオペラができた。そのなかで徐市は、圧政の秦に帰る気をなくし、平和な日本に永住をきめる。

中国には『一代の兵仙韓信』という小説が生まれたが、徐市が韓信に、

「自分は日本では『神武天皇』と呼ばれて崇敬を集めているから、いまさら秦に帰るつも

りはない。戻ってきたのは、農具や薬草などを補充するためだ」

というくだりがある。

また「秦始皇本紀」によれば、燕の人で盧生《ろせい》という方士は、海のかなたから帰ってきて、

「秦を亡ぼすものは『胡《こ》』なり」

という鬼神のお告げをもたらした。始皇帝は「胡」は「胡人」すなわち北方の異民族のことだと思った。そこで将軍蒙恬《もうてん》に三十万の兵を授けて、北方を攻めた。実際に秦を亡ぼしたのは、二世皇帝胡亥《こがい》だった。

阿房宮の建設に着手したとき(前二一二)、盧生はまたもいう。

「わたくしたちは、つねに不死の仙薬を求めてまいりましたが、なにかさわりがあり、成功しませんでした。わが君のいらっしゃるところを臣下が知れば、神気を害し、不死の真《しん》人《じん》になられることは不可能です。願わくは陛下のご座所を秘密になさいますように」

すこぶる怪しい進言であるが、「真人」になりたい始皇帝は、以後、居場所と行く先を秘密にし、洩《も》らした宦官を取り調べたが、だれも白状しないので、付き添っていた宦官すべてを死刑にした。

この苛酷さに方士は恐れをなした。盧生は侯生《こうせい》と話し合った。

「始皇帝の人となりは傲岸暴戾《ごうがんぼうれい》で自信家である。諸侯から身を起こして天下を統一し、意

を遂げて欲をみたし、いにしえから自分に及ぶものはひとりもいなかったと思っている。信任するのは獄吏だけ。丞相、諸大臣、博士も飾り物にすぎない。みな罪を恐れ、ごきげんうかがいに憂き身をやつすだけ。方士も効験をあらわさないと、たちまち殺されるだろう。天下のことはすべて皇帝ひとりが決める。だから皇帝決裁の書類は、秤《はかり》で量ると日に一石もの分量になり、皇帝自身さえ休息ができなくなった。こんなことではわれわれの立つ瀬がない」

二人は相談して、姿をくらました。

始皇帝は「激怒」した。この結果、前年の焚書令につづいて、学者・儒生たちを生き埋めにする坑儒令が行われた。あまりのことに、長子扶蘇《ふそ》が天下の動揺を恐れて諫めると、始皇帝はさらに怒り、扶蘇を北方に送り、蒙恬軍の監督に当たらせた。

それにしても、一日の決裁書の目方が一石＝百二十斤（約三十キログラム）とは、すさまじいものである。歯車の回転を掌握すべき皇帝自身がいまや歯車と化している。

焚書と「後王思想」

話を少しもとにもどそう。坑儒の前年、前二一三年に実施された焚書についてである。獄を司《つかさど》る官吏のなかの不正を働いた者を流刑にした後、咸陽宮で酒宴を張った。機嫌のよかった始皇帝に対して、博士の淳于越《じゅんうえつ》がいった。

「殷・周は子弟・功臣を封じて、朝廷を輔翼《ほよく》させせました。いにしえを師としないでは、長久を保ち得ますまい」

始皇帝はこの意見を左右に討議させた。李斯がいった。

「五帝も三代も、同じ政治を踏襲しませんでした。時勢が変わったから、それに応じる政道で対処したのです。いま天下はすでに定まり、一般民衆は安堵《あんど》しています。しかるに学者のみが、いまを師とせずいにしえを学び、当代の政事を誇《そし》り、民衆を惑わしています。まるで主上に逆らうのを名誉とし、異見を立てて自らを高しとする有様です。これを禁じないでは、政道が立ちゆきません。

秦以外の記録はすべて焼きすて、博士が官職上、保持するもののほか、詩経、書経、諸子百家の書を持つ者があれば、ことごとく焼きすてていただきたい。あえて詩・書を論ずる者があれば、斬殺して屍《しかばね》を市中にさらしていただきたい。またいにしえをもって、いまを誇る者は一族すべて誅殺《ちゅうさつ》していただきたい。医薬、卜筮《ぼくぜい》、農事の書のみ持たせるようにしてはいかがでしょうか」

始皇帝はこの意見を裁可し、焚書は実施された。

後世これを非常な暴挙とする。たしかに思想統制のための乱暴な措置であるが、李斯のことばには、その師である荀子《じゅんし》の「後王《こうおう》思想」を見ることができる。時代は変化し進歩するものだから、政治や制度は時代の世情に即応したものでなければならない、いにしえではなく、当世こそ価値の基準であるとするのであり、もし暴力を伴わぬ主張であれば、立派な見識である。

　現代の始皇帝再評価は、その時代（当代）に価値の尺度をおいた理論と、その理論にもとづいて進められたとみなされる国土総合開発の実施に重きを置くのであろう。

かなわなかった不死の願い

　一方で始皇帝の真人になりたい、不死を得たいという願いはことごとく裏切られた。その挫折に抵抗するかのように、始皇帝は前二一二年から阿房宮の造営を始める。これは咸陽の宮殿に対して、渭水《いすい》の南の上林苑《じょうりんえん》に正殿を造営するための前殿で、これだけでも豪《ごう》奢《しゃ》なものだった。そのうえ咸陽宮から渭水を渡って阿房宮までを複道で連結させた。七十万人の徒刑者が動員された。驪山《りざん》の墓も同じ時期に建設を急いでいる。

　始皇帝は咸陽宮で現世の歓楽を謳歌《おうか》し、阿房宮で登仙のよろこびを味わい、驪山の墓下で冥界の永世を生きる「三位一体」を考えだしたのであろう。しかしこの時期に徐市《じょふつ》は帰らず、侯生・盧生は姿をくらまし、前二一一年、怪しい予言者が、

「明年、祖竜（始皇帝のこと）は死ぬであろう」

といったことが耳に入る。

始皇帝は運命に挑戦するかのように、少子胡亥《こがい》を従えて巡遊に出かけた。雲夢《うんぼう》に行き会稽に行き、北上して山東の平原津《へいげんしん》で、病《やまい》に冒された。「死」ということばを最後まで忌み嫌った始皇帝も、しょせん人の子だった。ついに沙丘《さきゅう》で一命を落とす。五十歳の生涯だった。遺体は轀涼車《おんりょうしゃ》（窓を閉じれば温かく、あければ涼しい車）に載せられ、死を秘めたまま巡遊コースをたどった。

暑さがきびしく臭気が激しいので、従う車ごとに一石ずつ塩漬けの魚を積ませ、臭気をまぎらそうとしたという『史記』の記載は、文中から死臭のにおうような迫力を持つ。

始皇帝の死後、秦は短命だった。万世どころかわずか三世で終止符を打った。公子扶蘇と将軍蒙恬の最期、宦官趙高《ちょうこう》との争いに敗れた李斯の悲惨さなどは、意外に感動を誘わない。むしろ始皇帝の存在の大きさの影にすぎないことを感じさせる。

しかし始皇帝の大きさは、人間としての大きさではない。むしろ非人間として、無数の人間たちの前に立ちふさがる大きさである。始皇帝自身は、人間存在を超越する不死の真人になることを願ったが、しょせんかなわぬ願いで、死して死臭をまきちらし、魚のにおいでごまかさねばならぬ死出の旅が最期となった。

『史記』が始皇帝の表情を描くとき、かならず「激怒」であり、他人が表現するとき、かならず「残忍酷薄」を強調する。その他では人間性について多くを語らないが、事績の羅列のなかにかえってその非人間性を想像することができる。

第3章　項羽と劉邦

1 項羽

司馬遷の歴史を見る目

ふつう歴史の教科書では、秦《しん》の次は漢《かん》だと教える。漢の高祖《こうそ》(劉邦《りゅうほう》)は、秦の始皇帝没後の混乱期に、楚《そ》の項羽《こうう》と覇権を競い、項羽に勝って天下を手中にしたのであり、項羽は過渡期の人物としか見ていない。

しかし司馬遷は、項羽のために、「秦始皇本紀」の次に「項羽本紀」を立て、「高祖本紀」の前に置いている。これは司馬遷独得の史観によったものである。項羽は秦を滅ぼす諸勢力の盟主の地位にあり、秦が滅んだのちに、諸将の論功行賞を行い、劉邦もこのとき、項羽によって漢王に封じられている。

その後すぐ劉邦は反攻し、やがて勝利するが、項羽は一時期とはいえ、天下に君臨した実績を持つ。しかも傀儡《かいらい》として担ぎ上げられたのではなく、実力者として天下を睥睨《へいげい》した。この実績を司馬遷は尊重したと見られる。

同じような例は「高祖本紀」の次の「呂太后《りょたいこう》本紀」である。高祖の次に即位した恵帝《けいてい》に権力はなく、権力の座にあって、諸事を取り仕切ったのは、呂太后（高祖が没するまでは「呂后」だが、本書では「呂太后」で統一した）であると見た。しかも呂太后ののち、治世の実績を遺した文《ぶん》・景《けい》・武《ぶ》の各帝には、それぞれ本紀を立てた。

逆に秦の二世皇帝胡亥《こがい》の事績は、「秦始皇本紀」の付属品として取り扱っている。また「秦始皇本紀」の前の秦の国君たちの事績が、なぜ「秦世家」でなく、「秦本紀」なのか、疑問がわくが、これは天下をとった始皇帝の本紀の前奏曲のようなものと見なして、本紀の扱いにしたのだろう。

これらの例はみな、司馬遷の歴史を見る目のユニークさを物語っている。さらにユニークなのは、高祖の本紀は、高祖の部下たちのいろんな世家と列伝を引き連れているにもかかわらず、項羽に付随する列伝が皆無であることだ。

項羽は一代で滅んだから、付随する世家がないのはしかたがないが、列伝の一つや二つ、たとえば謀将范増《はんぞう》や武将鍾離昧《しょうりまつ》ぐらいはあってもいい。しかし范増は「項羽本紀」のなかに吸収されているし、鍾離昧がおもに出てくるのは「淮陰侯列伝《わいいんこう》」である。いかに項羽が、英雄として孤高の人物であったかが、よくわかるように仕立てられている。

「四面楚歌《しめんそか》」を聞いて、項羽が虞美人《ぐびじん》をかえりみて歌う「垓下《がいか》の歌」は、このような項羽の孤高性をなおさら盛り上げる。それは歴史の山脈のなかの、独立峯の趣《おもむき》を持っている。

それと同時に、「項羽本紀」と「高祖本紀」を読み進むと、この二つがはじめの部分は対照的で、項羽の後半部と高祖のまんなかの部分は、同じ現象を両側から眺めるような対称を成していることがわかる。さらに項羽という畢生《ひっせい》のライヴァルが亡びたあとの「高祖本紀」の後半部分が、独自の展開を見せていることもわかる。また両本紀は、これまでの他の本紀と比べ、まるで小説のような迫力で、読者をぐいぐい引きつける内容を持っていることがわかる。

項羽の血筋は、楚の将軍の家柄につながっているが、それほどれっきとした名家ではない。むしろ農村の地主階層である。しかも始皇帝によって祖国の楚が滅ぼされてから、一族は雌伏《しふく》していたことが示唆されている。

一方の高祖は、どう見ても小さい村の小役人クラスだった。地主でなくて一般農民である。こんな二人が天下の覇を争ったという事実は、歴史始まって以来のことである。

三皇五帝の伝説時代の主権者は、帝舜《しゅん》を除くと、みな由緒ある先祖を背負っている。身分のいやしかった舜も、帝堯の「禅譲《ぜんじょう》」（天子が位を徳の高い人物に譲ること）を受けて、天下を治めた。秦の始皇帝は独創的な独裁君主に見えるが、君主となること自体は既定路線だった。

だから乱世に、平民に近い二人が台頭して天下を争ったのとは、まったく違う。歴史は項羽と高祖に至って、きわめて人間的な活気を帯びてくる。司馬遷から近い過去の事柄なので、生きた史料を数多くふまえて、筆の運びもいきいきしているようである。しばらくその「物語性」をたどりたい。

劉邦との人物描写の違い

項羽は若いころ、書物も剣術もきらいだった。

「文字など、自分の名前が書ければ十分、剣など、たった一人が相手。学ぶほどのものではない」

それで叔父の項梁《こうりょう》が兵法を教えると喜んで習ったが、要領をおぼえると、それ以上には探究せず、「卒業」とはゆかなかった。高祖の名臣となる張良《ちょうりょう》が雌伏時代に、老人から兵書を授かり、一心不乱に学んで蘊奥《うんのう》をきわめたというのと、えらい違いである。

しかし身長は八尺余（当時の一尺は約

徐州市郊外の獅子山楚王陵に立つ項羽乗馬像

二十三センチ）で群を抜き、鼎《かなえ》を持ち上げる腕力があり、才気も人並みすぐれ、江南一帯の青年たちから一目おかれていたという。

対する高祖＝劉邦は沛《はい》県の生まれで、いまの行政区画でいうなら、どちらも江蘇省人である。劉邦、字《あざな》は季《き》、父は太公《たいこう》、母は劉媼《りゅうおう》。これは全部、普通名詞であって、本当の名ははっきりしない。「劉邦」の「邦」すら、はじめからの名であったか疑問で、つまり正式の名など必要のなかった階層の生まれであることを示している。田中謙二・一海《いっかい》知義《ともよし》訳の『史記』（中国古典選朝日文庫版）では、「太公」は「じいさま・とっつぁま・おおだんなさま」などといった普通名詞、とある。

高祖は若いころから気前がよく、おおらかだったが、農事などにはまったく無関心、どちらかといえば無頼の徒に属し、三十歳になると、泗水《しすい》の亭長という、駐在所の巡査と村長を兼ねたような小役人に任用されたが、とかく上級役人をなめた振る舞いが多かったという。加えて酒と女が大好きである。

ところが『史記』は、こんな男が乱世の立役者となる運命を背負っていることを特筆している。

まず容貌である。鼻が高く、ひたいが突き出て、まるで竜みたいであり、ひげがたいへん美しかった。また左の股に七十二の黒いあざがあった。のちに高祖は赤竜の子だと自覚し、道をふさぐ白蛇を両断したのが大業のきっかけとされる。「竜顔」はそれを暗示するようで、ここの描写は、項羽の眼に瞳が二つあったというより、はるかに入念である。

三国時代の蜀《しょく》の先主劉備《りゅうび》の伝にも、手をさげると膝まで届き、ふりかえると自分の耳を見ることができた、とあるが、この異相、あるいは「高祖本紀」からヒントを得たのかも知れない。

さらに飲み屋で酔っぱらって寝ていると、いつも竜が寝姿の上に現れるので、飲み屋では、つけを帳消しにしていくらでも飲ませたとか、おたずね者になって隠れ家にひそんでいるとき、高祖の身辺にただよう「気」によって呂夫人がいつも居所を探し当てたなど、不思議なはなしがいくつも出てくる。

その高祖はかつて咸陽《かんよう》で労役をしていたとき、始皇帝の行幸を盗み見て、

「大丈夫はこのようにあるべきだ」

と感慨をもらした。

項羽のほうは、郷里近くの浙江《せっこう》のあたりで始皇帝の巡遊を見て、

「あいつにとってかわってやるぞ！」

といって、叔父の項梁に、

「めったなことをいうものではない」

と口をふさがれている。少しの違いのようだが、二人の面目が躍如としている。

残虐性のあらわれ

始皇帝の没後、天下には動乱が再来した。長らく秦の圧政を堪え忍んでいた下層の人々のなかから、「蜂起」のさきがけが現れた。いまの河南省陽城《ようじょう》出身の陳勝《ちんしょう》（字は渉《しょう》）が、友人の呉広《ごこう》とともに、北方の漁陽に労役に行く貧民たちを扇動した、

「大丈夫たるもの、死んだらそれで終わりだ。死んでも後世に烈々とした名を轟《とどろ》かせることが大切なのだ。王侯将相にはだれでもなれるんだ！」

ということばほど、当時の気風を表現したものはない。

しかし陳勝らは局地的な成功に酔って権力闘争を始め、揚げ句に秦軍に大敗して、滅亡してしまった。

司馬遷はこの陳勝の事績を「列伝」でなく「陳渉世家」に立てている。「世家」はいうまでもなく、春秋戦国時代に一国を成した大名の家の記述で、漢の天下統一以後は、功臣の大名たちの記述に性格を変えているが、過渡期の陳勝・呉広は、あわよくば天下を狙うことのできる存在として登場したことに重きを置いたものと見られる。大名ではなかった孔子の「孔子世家」とともに、司馬遷の史観がうかがわれる興味ある分類である。

陳勝・呉広は前二〇九年七月ごろに安徽《あんき》省の大沼沢地帯で決起したが、九月には、会稽《かいけい》郡守の殷通《いんつう》が、項梁・項羽に、

「いまこそ天が秦を滅ぼすときだ。先にやったものが人を制する。遅れると人に制せられるぞ」

と決起を促した。立ち上がった項梁・項羽は、たちどころにまず郡守殷通を血祭りにあげている。殷通は「人に制せられた」わけで、このあたり、食うか食われるかの、乱世の世相がよく出ている。

項梁が長江を渡るころには、兵力は八千になっていた。ほかにいろんな蜂起軍があったが、項梁は代々将軍の家柄ということで、帰属する者が多く、かなりの勢力になった。淮《わい》水《すい》を渡ったころには、黥布《げいふ》らも加わり、六、七万に増えていた。

項梁は、項羽を別動隊として、河南省の襄城《じょうじょう》を攻めさせた。激戦の末、陥落させると、項羽は全員を穴埋めにして殺した。項羽の残虐行為は、以後しばしば出てくる。これが手始めである。項羽が人心を失う最大の原因は、この残虐性だった。

楚軍の主導権をにぎる

このころ、長らく行方不明だった陳王《ちんおう》すなわち陳勝の死亡が確認される。

同じころ、沛《はい》では高祖が決起して県令を殺し、みなから「沛公」にまつりあげられる。蕭何《しょうか》、曹参《そうさん》、樊噲《はんかい》ら、郷党の若者が配下に集まった。

項梁の側にも画期が訪れた。居巣《きょそう》の人范増《はんぞう》、当時七十歳。老練な軍略家として知られていた。その范増が項梁を訪れて説く。

「陳勝の失敗は、自分が王になったことだ。秦に仇討ちをするのは楚なのだ。楚の懐王《かいおう》が秦に捕らわれて帰ってこなかったのを、楚の人はみな哀れに思っている。みながあなたに帰属したのも、あなたなら楚を復興すると見込んだからじゃ」

項梁は范増の忠告をもっともと思い、羊飼いをしていた懐王の孫を捜し出し、同じく懐王と呼び、自軍の盟主にいただくことにした。行動を起こした沛公も、懐王のもとにはせ参じることになった。このあたりから、項羽と沛公の共同行動が始まる。

しかし勢いづいた項梁は進み過ぎて、秦の章邯《しょうかん》軍に大敗して戦死してしまう。懐王は憂慮して、みずから前線の指揮をとった。懐王は宋義《そうぎ》という軍事相談役を非常に気に入ったので、宋義を上将軍として別動隊長らを指揮下に入れさせ、項羽を次将に、范増を末将という編成で、そのころ秦が圧力を加えつつあった趙《ちょう》を救援させることにした。かつての燕《えん》・趙・斉《せい》・魏《ぎ》はそれぞれ秦に対して自立して、王号を名乗っていたのである。

また沛公には南のほうから西進して秦を攻めさせ、宋義の軍と競争させ、先に函谷関《かんこくかん》に入ったほうを王にすると約束させた。

このとき宋義と項羽の意見が衝突する。項羽はすぐ趙を救援しようとするが、宋義は秦と趙が対戦で疲れたころ行動を起こすべきだと、形勢を眺めている。宋義は、

「武器を手にすれば君にかなわぬが、策略をめぐらすぶんには、君はわたしにかなわぬ」

といい、これが項羽の気にさわった。宋義はまた、

「虎のように獰猛《どうもう》で、羊のようにねじけ、狼のように貪欲《どんよく》で、やたらに強いだけで使いものにならぬ奴は、みな打ち首だ」

と警告した。項羽は、こんなのといっしょにやっていけないと、朝、宋義にあいさつに行き、その首を斬って部隊中に布告を出した。宋義に反逆の疑いがあったから、懐王の密命を受けて処刑した、と。

将軍たちはみな恐れ入って、項羽を上将軍に選んだ。懐王も追認するしかなかった。宋義に属した、名家出身の別動隊長たちも、項羽は全部殺してしまった。こうして楚の軍は、項羽が主導権をにぎる。戦闘を繰り返して秦地を次々攻略し、やっと函谷関に着くと、すでに守備する部隊がいて中に入れない。それが先着した沛公の部隊だとわかると、項羽は激怒した。

黥布らに攻撃させて関を突破、関中《かんちゅう》に乗り込んだ。総勢四十万。一方覇上《はじょう》に布陣する

沛公の軍は十万。たまたま沛公の高級武官曹無傷《そうむしょう》が、人をやって項羽にしらせてきた。

「沛公は関中で王になろうとしています。始皇帝の孫の子嬰《しえい》を相国《しょうこく》とし、秦の財宝を全部、自分のものにしました」

項羽の激怒は頂点に達した。

「よし、明日兵卒どもにたっぷり食わせ、そのうえで沛公の軍を殲滅《せんめつ》してくれるわ！」

「鴻門の会」の根回し

史上有名な「鴻門《こうもん》の会《かい》」がここから始まる。

いまや項羽配下の随一の謀将となった范増がいう。

「沛公は秦に攻めこまないころ、財をむさぼり、美女には目がなかったものです。いま関中に入ると、財物にも美女にも、目もくれていません。これは彼の志が小さくない証拠です。ある人に彼が発散する『気』を観察させたところ、すべて竜虎の形をし、五色から成り立っているという。これは天子の気です。早く襲いかかり、チャンスを失わぬように」

項羽の陣営にいた左尹《さいん》の項伯《こうはく》は項羽の叔父で、前から張良と親しかった。張良が沛公のお供をしているので、項伯は夜、馬を飛ばして沛公の陣屋に行き、ひそかに張良と会った。項羽は新豊《しんぽう》の鴻門に、沛公は覇上にいるので、約二十キロ離れている。

項伯は差し迫った事情を話した。いっしょに逃げようという。
「こんなところで死ぬのはよせよ」
張良は、自分は韓王の縁で、沛公を送るために来ているのだから、沛公が危機に在るときに、それを知らせないような不人情はできない、と沛公につぶさに状況を告げた。
沛公「そりゃたいへんだ。どうすればいい？」
張良「だれがあなたのためにこんな計略を立てたのですか」
沛公「浅はかなやつが、わたしにいったのだ。函谷関を守って諸侯を入れるな。そうしたら秦全体の王と称せます、とな」
張良「あなたの計算では、項羽の軍隊に対抗できますか」
沛公（しばらく沈黙、やっと口を開く）「もちろんかなわない。どうすりゃいいだろう」
張良「お出ましになって、項伯にはっきりおっしゃってください。項羽殿にたてつく気など、毛頭ないのだ、と」
沛公「あんたはどうして項伯と親しいのか」
張良「秦のころつきあいがありました。彼が人を殺し、わたしが彼の命を助けたものですから、こうやって急を知らせに来てくれたのです」
沛公「あんたとどちらが年長か？」

張良「わたしより年上です」
沛公「呼んで来てくれ。わたしは兄貴として、彼をもてなしたい」
三人で酒となった。沛公は婚姻で項伯の縁つづきになりたいという。
沛公「わたしは関に入って、これっぽっちの品物も私していません。官民の戸籍を整え、政府の倉庫は封印し、項将軍のおいでをお待ちしていたのです。部隊を派遣して函谷関をとざしたのは、盗賊に備えるのと、突発事故に備えたため。たてつくなんてめっそうもない。なにとぞおとりなしを」
項伯「あす朝早く、みずから項王にあいさつに来ていただかなくてはなりません」
沛公「承知！」
項伯はその夜、急ぎ帰り、項羽に報告した。
項伯「もし沛公があなたより早く関中を撃破してくれなかったら、あなたもどうして関中に入れたでしょうか。他人が手柄を立てたからといって、それを攻撃するのは、不義の行為です。明日やってきたら、鄭重《ていちょう》に扱うべきでしょう」
項羽は承知した。

重層化された人間劇

沛公・張良・項伯のずいぶん長い対話だが、これはすべて「項羽本紀」に洩《も》れなく載っている。読む人はこれを冗長と感じるだろうか、迫真的だと感じるだろうか。後者のほうが多いと思う。そしてこういう芝居もどきの対談を、あえて「本紀」に取り込んだ司馬遷の大胆不敵さに驚く。

しかも一見冗長に見えて、細心な気配りが文章に表れている。

「ど、ど、どうしたらよかんべえ」

とびっくり仰天の沛公、歯の根もあわずふるえているようで、張良に項伯とはどんな関係だ、年はどちらが上だ、とすぐ聞いている。これは安心できる相手と見ると、酒を振る舞ったり、縁談の約束をしたり、談笑のうちに真実を吐露できるような場面設定を考え出している。さすが、と思わせる。これも張良がいたからであろう。

項伯が急ぎ帰って、項羽に沛公の真意を報告し、かつ苦言を呈し、項羽が了承したところで、危機一髪のような「鴻門の会」の根回しは、あらかたすんでいる。あとは范増の根深い殺意をいかにかわすか、だろう。

しかし范増が宝玉を三度あげて「決」を促すところとか、項伯・項荘《こうそう》の剣舞とか、最後の樊噲《はんかい》の乱入など、当日は当日なりに見せ場に事欠かない。

これを周の武王の出陣のときの、伯夷《はくい》・叔斉《しゅくせい》の諫止《かんし》、太公望《たいこうぼう》の沈着さなどと比べると、人間劇がより複雑に、より重層化されていることに思い至る。一見、敵の中に味方がいて、それが解決への思わぬ原動力になるなど、これははたして現実に起こったことそのままだろうか、という疑問さえ湧く。

いま漢代の鴻門の跡には石碑が立ち、少し離れた広い場所に「鴻門の会」そのものを具象化した陳列館がある。項羽、高祖、范増、張良が『史記』の記述通りに着席している。これを眺めていると、司馬遷自身が、当時のこういった題材の素朴な演劇を見、講談師の巧みな仕方ばなしに一心に聞き入っていたのではないかと思わせる。

2 劉邦

漢楚の死闘

高祖は関中《かんちゅう》に入り、秦都咸陽に入城したとき、始皇帝の孫、子嬰の命を助けた。また秦の苛政を一新するため、古老たちに「法三章《ほうさんしょう》」を約し、大喝采を浴びた。「法三章」とは、「人を殺すものは死刑、人を傷つけるものは処罰、人のものを盗むものは処罰」と、たった三条の法令で、そのほかは、秦の煩瑣《はんさ》で苛酷な法令をことごとく除き去ったのである。

しかし高祖と交代に咸陽に入城した項羽は、子嬰を殺し、秦の宮室を焼き、美女、財宝の多くを収奪して東に帰った。項羽がつけた火によって、咸陽は三ヵ月も燃えつづけたという。

もし項羽が、范増の言に従って高祖を殺し、咸陽に入って高祖が約した「法三章」を実行していたら、などという仮定は、項羽のいびつな性格から考えてあり得ない。

項羽のいびつさは、いちおう平和が回復したのちの論功行賞の不公平さによく表れている。自分が王になりたいために、将軍や大臣たちを多数、王にしようとした。また先に関中に入った者を、その地の王にするという懐王の前での公約もふみにじり、高祖を巴《は》・蜀《しょく》・漢中《かんちゅう》の僻遠の地に封じ込めた。そして「巴蜀もまた関中の地なり」と強弁した。

多くの人間が王になったので、盟主と仰いだ懐王の立場がなくなった。そこで義帝にまつりあげた揚げ句、辺地へ追いやって、殺してしまった。しかも自分は「西楚《せいそ》の覇王」と号して彭城《ほうじょう》に都し、領土はいいとこどりをしている。

沛県にある漢の高祖原廟

項羽に対して、まっさきに叛旗をひるがえしたのは、いちばん割りを食った高祖だった。漢中から関中に通じる難所の桟道《さんどう》を焼いて、北進の意思がないかのように見せかけていたが、やがて別の道から北進し、項羽が高祖を封じこめるため、秦の降将三人に旧秦の領地をあてがった、いわゆる「三秦《さんしん》」を破って東進を始め、これに斉《せい》・梁《りょう》が呼応した。

項羽は北方の斉を攻撃するため、軍を動かした。この隙《すき》に漢軍およびその連合軍は、彭城を陥れ、意気おおいにあがった。しかし項羽もさるもの、すぐ引き返して、劣勢ながら猛烈に逆襲し、彭城を奪回して漢軍に大損害を与えた。

このあと高祖は、陳平《ちんぺい》の計略を採用し、項羽と謀将范増との間を裂くのに成功する。権限を奪われた范増は、

「天下のことはすべて定まった。あとはご自分でお

やりになるがよろしかろう。願わくは家に帰って老平民になりたい」といって許しをもらって項羽を離れたが、彭城にゆきつかないうちに、背中にはれものができて死んだ。天下のことは、なにも定まっていない。これからが正念場だ。これは志を得なかった范増の痛烈な皮肉である。

滎陽《けいよう》と成皋《せいこう》をめぐる線での両軍の死闘は、そのころ始まったばかりだった。高祖は北に脱走しては、部下の韓信《かんしん》の兵を奪って自分の直属の軍に編入したりして、頽勢《たいせい》挽回に躍起となった。韓信は新しく兵を徴発して、北に向かって趙や斉の確保に力を注ぎ、おもむろに高祖有利の状況が芽生え始めた。

また漢軍の優勢転換に、後方にいた蕭何《しょうか》の功績は大きかった。敗れても敗れても、蕭何は後方から予備軍を前線に送った。関中から巴蜀一帯は、人口の多いところである。蕭何は正確な戸籍調べをもとに、若年層の召集年齢繰り下げや、熟年層への繰り上げなどを巧みに実施しつつ、所要兵力の確保に専念した。

「四面楚歌」の実態

局地戦ではめっぽう強さを発揮する項羽も、戦線の拡大に伴って、兵力と食糧の補給に苦しみ出した。范増を追い出して死なれてから、項羽には蕭何に匹敵する軍需大臣や、用兵に秀でた韓信のような総司令官がいなかった。長い死闘の末、気がつくと、項羽は垓下に包囲されていたのである。

彼我の兵力の差はもはや明らかだった。ひしひしと包囲する漢軍側から、楚の兵にとってなつかしい楚の歌が聞こえてきた。有名な「四面楚歌」の実態は、いろんな説があり、いまも明らかでない。

あるいは楚軍の兵士に郷愁を起こさせ、士気を沈滞させようと、漢兵たちが歌ったのかも知れないし、あるいは漢軍が楚の捕虜に歌わせたのかも知れない。それを項羽は、

「漢の軍はすでに楚の国を占領してしまったのだろうか。どうしてこんなに楚人が多いのだろうか」

と妙な解釈をしている。しかしもはや勝敗の行方は明らかだった。夜起きた項羽は、愛する虞美人の酌で酒を飲んだ。そして「力、山を抜き」の自作の詩を歌う。

「山を差し上げるくらい力は強いのだ、おれは。おれの豪気は一世を圧倒したのだ。それなのに時機はおれにくみしない。日ごろ駿足の愛馬の騅《すい》ももう歩まない。騅の歩まないのをどうすればいいのだ。おお虞よ虞よ、いとしいお前をもどうすればいいのだ」

悲しい詩である。しかしこの期に及んで、項羽はまだ自分の不運の責任を、時勢に転嫁している。この事態を招いたのは、ほとんど自分の責任なのに。しかし状況は悲しい。項

羽は歌い、虞美人は唱和する。項羽の眼から涙がとめどなく流れた。一座もみな泣き、顔をあげる者はなかった。

虞美人がこの場で自殺したとは『史記』には書いていない。項羽は虞美人と別れ、包囲を破って、真夜中に南に向けて逃走する。ここでも項羽は運に見放された。道を聞いた農夫に「左だ」とあざむかれ、その通り行って大きな沼地にふみ迷い、引き返したところを漢軍に追いつかれる。もし右をとって追っ手をまいておれば、唐の杜牧《とぼく》の詩のように、

「江東の子弟才俊多し　捲土重来《けんどちょうらい》未だ知るべからず」

になっていたかどうか――。

項羽は最後には、ただ一騎となり、烏江《うこう》の亭長が、長江を渡りなさいと仕立ててくれた舟もことわった。

「天がわたしを滅ぼそうとしているのに、どうして江を渡れよう。わたしは江東の子弟八千を引き連れて、江を渡って西進したが、いまは一人も帰らない。たとえ江東の父老兄弟たちがわたしを憐れんで王にしてくれようとも、どの面さげて彼らに会えよう」

こういって、奮戦の後、みずから首をかっ切った。最後のことばは文学的で、人の心を打つ。

司馬遷は「太史公曰く」で、項羽が歴史の教えを手本とせず、自分の力を過信して、武

力によって天下を統一しようとして失敗を招いたことを批判しつつも、

「動乱の世、並び争う者の数知れぬなかで、基盤となるわずかな土地もなしに、農民の中から起こり、時の流れに乗って、三年目に秦を滅ぼし、政令を自分の手で出し、みずから覇王と名乗った人物は、近古以来かつてなかった」

と評価する。

将に将たる器

一瞬の光芒《こうぼう》を投げかけて、項羽の短い時代は終わった。仕上げをするのは高祖である。項羽との対照の時代、抗争の時代を終わって「高祖本紀」は、初めて独立した感がある。しかし文字通り「天下人」となった高祖の晩年に、なぜか悲哀がつきまとう。

その状況に入る前に、司馬遷が多くのエピソードを通じて、この天下人の興味深い人間性を、さまざまな角度から描いていることに注目したい。


もちろん本紀にも、興味ある記載は少なくない。天下は定まり、兵士たちは退役して帰郷した。高祖は洛陽宮《らくようきゅう》に諸侯を集めて、大宴会を催した。席上、高祖は、

「みな遠慮なくいえ。わしが天下をとることができたのはなぜだ。項羽が天下を失ったのはなぜだ」

高起《こうき》と王陵《おうりょう》がこもごもいった。

「陛下は性質が傲慢《ごうまん》で、よく人を馬鹿になさいます。項羽はなさけ深く、人をかわいがりました。けれども陛下は人に都市や土地を攻撃させ、降伏させたとき、その都市や土地をそのものたちに与え、みなと利益を共有されました。項羽のほうは優秀なものを嫉妬《しっと》し、手柄のあったものには害を加え、優秀なものに疑いの目を向けました。戦いに勝っても、手柄を賞せず、土地を得ても、人にいいところを与えませんでした。だから天下を失ったのです」

高祖は答える。

「君らは一を知って二を知らない。いいか。はかりごとを帷帳《とばり》のなかでめぐらし、勝利を千里のかなたで決めるという見事さは、わしは張良に及ばない。国家を安定させ、人民をなつけ、食糧を調達して戦場へ輸送を絶やさない才覚は、わしは蕭何に及ばない。百万の大軍を統率して、戦えばかならず勝ち、攻めればかならず取る手際は、わしは韓信に及ばない。この三人はすべて人中の傑物だ。わしは三人をよく使いこなすことができた。だからわしが天下をとったのだ。項羽は一人の范増すら活用することができなかった。だからわしの獲物になったのだ」

おそらくこれに似た問答はあったと思われる。司馬遷の筆が簡潔にまとめたので、こういう引き締まった文章になったのだろう。

「淮陰侯列伝」では、高祖が韓信（淮陰侯）に、

「わしみたいなものは、どれくらいの人数を指揮できるかな」

と問うところがある。

韓信「まあ、十万ぐらいでしょうか」

高祖「お前ならどうだ」

韓信「多ければ多いほど結構です」

高祖（笑って）「多ければ多いほどよいやつが、どうしてわしにつかまったのか」（韓信はこの問答の前に、謀反《むほん》の疑いで高祖に逮捕されている）

韓信「陛下は兵卒を指揮するのはまずいが、将軍たちをよく指揮なさいます。だからわたくしが捕らわれたのです。陛下の才能はもう天から授かったもので、人間の能力ではございません」

「将に将たる器」ということばはここに始まるが、先の高祖のことばと、この韓信のことばは、高祖という人物の、持って生まれた大才をよく表している。「三傑」を使いこなす力量をみずから誇り、「三傑」側もそれを認める大才の手に、天下はころがりこんだ。

不人情ぶりを示すエピソード

しかしこういうエピソードは少ない。むしろ高祖という人間の評価に困るエピソードのほうが多い。

高祖が若いころ、のちに舅《しゅうと》になる呂公《りょこう》が沛《はい》に来たとき、えらい客だというので、ご祝儀を千銭以上持参しないと、座敷にあげてもらえなかった。高祖は一文なしのくせに、木札の名刺に「ご祝儀一万銭」と書いてあがりこんだ。呂太公はびっくりしてあがってもらい、話し合い、並々ならぬ人物と惚《ほ》れ込み、やがて娘(のちの呂太后)と結婚させた。たいへんなはったりだが、この場合はうまくいった。これが竜の気配があるなどの神秘談のあいだにまぎれこんでいるからおもしろい。

呂太后とのあいだに一男一女をもうけておきながら、彭城《ほうじょう》で大敗して逃げるとき、楚軍の追撃があまり急なので、せっかくいっしょの馬車に乗せた二児を、車を軽くするため三度も馬車から突き落とした。そのたびに御者をつとめていた夏侯嬰《かこうえい》が、

「いくらなんでも、大事な御子を棄てるなんて」

と馬車にすくいあげたので、二児は助かった。のちの恵帝《けいてい》と魯元公主《ろげんこうしゅ》である。

このはなしは「項羽本紀」に載っているが「樊《はん》・酈《れき》・滕《とう》・灌《かん》列伝」では、高祖はこのとき腹を立て、中途で十数回も夏侯嬰を斬ろうとしたとある。

この敗戦で、高祖の父も呂太后も項羽に捕らえられた。その後、両軍が相対して勝負がつかないとき、項羽は高祖の父を高いまないたに載せ、対陣中の高祖に見せて呼ばわった。

「降参しないと、お前の父を釜ゆでにするぞ」

高祖は答えた。

「わしのおやじを釜ゆでにするなら、わしにもそのスープを一杯頂戴したいものだな」

高祖には項羽と二人、かつて懐王の前で兄弟の誓いを交わした仲だから、わしのおやじはつまりお前のおやじという理屈があった。怒った項羽が本当に釜ゆでにしようとすると、項伯が諌《いさ》めた。

「天下を定めようとする者は、親のことなどかまいつけません。父親を殺したってむだです。かえって禍《わざわい》がふえるだけです」

項羽は思いとどまり、のちに二人を高祖の陣に返している。これは「項羽本紀」に載っている。

この二つのエピソードには、自分のためには、肉親などかまわないという高祖の不人情ぶりが表れている。とくに二児を突き落とすはなしはひどい。

人間コラム①

呂太后《りよたいこう》と薄太后《はくたいこう》

日本に比べると、中国の歴史のなかでは、政治的人間としてなみなみならぬ力量を発揮した女性が多い。その頂点の一人が漢の高祖の皇后、呂太后だった。

高祖は無名のころ、地方の有力者呂公《りよこう》に見込まれ、その娘を嫁にもらった。だから不器量ではなかったはずである。項羽との戦いのとき、囚われの身となって苦労もしたが、恵帝《けいてい》と魯元《ろげん》公主《こうしゆ》を産み、その地位は安泰かと思われた。しかし高祖が若い戚《せき》夫人を溺愛《できあい》し、戚夫人との子の如意《によい》を皇太子にすげ替えようとしたため、呂太后は苦慮し、張良の謀計で辛くも切り抜けた。

高祖の死後、呂太后は如意を毒殺、戚夫人を捕らえ、手足を断ち、目をえぐり、耳を焼き切り、薬でノドをつぶし「人ブタ」と呼んで便所にうち捨てた。それを見せられた恵帝はあまりのことに廃人のようになってしまった。

恵帝が亡くなって大喪が営まれたとき、太后は泣き声をあげたが、涙は流さなかった。呂氏一族の行く末を憂慮したのである。丞相《じようしよう》陳平《ちんぺい》たちのおもんばかりで、一族の専権が保証されて初めて、恵帝を弔《とむら》う泣き声に悲しみがこもったという。すさまじい権力への執念である。

高祖の寵愛《ちようあい》を受けた女性たちは、高祖の死後、呂太后にひどい仕打ちを受けたが、ただ一人、薄姫《はくき》だけは難を逃れた。魏王家の血を引く名門で、一度だけ寵愛されて男児を産んだが、影が薄かった。息子が代王《だいおう》になるといっしょに任地へ行ったが、呂氏の滅亡の後、この息子が文帝《ぶんてい》となり、自身は薄太后と呼ばれ、幸せな晩年を送った。

尊大ななかに秘めた柔軟さ

高祖は儒者がきらいだった。もともと無頼あがりなので無理もないが、まだ沛公《はいこう》のころ、お目通りを願った酈生《れきせい》にある騎兵がいった。

「沛公さまは儒者の帽子をかぶった客人が来ると、いつもその帽子をむしりとって、その中へ小便をひっかけられます」

それでも騎兵が酈生のことを告げたので、お目通りがかなった。拝謁しようとすると、沛公は椅子にふんぞりかえって、二人の女に足をすすがせている。酈生はいった。

「あなたは秦を援助して諸侯を攻撃するおつもりですか。それとも諸侯を率いて秦を攻撃するおつもりですか」

高祖「ばか儒者！　無道の秦を攻めるのはわかっているではないか」

酈生「無道の秦を討つお方が、年長者に足を投げ出したままお会いになるのですか」

そこで高祖はすすぎを中止し衣服を改め、非礼を謝った。

このはなしは、相手に道理があると素直に謝る、尊大ななかに柔軟な性格を秘めていることを示している。「酈生・陸賈《りくか》列伝」に載っている。

周昌《しゅうしょう》は硬骨で直言をはばからなかった。高祖がくつろいでいるとき、上奏するために入ると、高祖は愛人の戚姫《せきき》を抱いていた。あわてて引き返す周昌を高祖が追っかけてつかまえ、首に馬乗りになってたずねた。

「わしはどんな君主だ？」

周昌「陛下は暴君の桀《けつ》・紂《ちゅう》のような方です」

高祖は苦笑いをした。「張丞相《じょうしょう》列伝」にある。

樊噲《はんかい》は呂太后の妹を妻にしていたので、もっとも親愛されていた。あるとき、高祖が病気で人を近づけないので、臣下たちは上奏もできず困っていた。樊噲がかまわずずかずか入ると、高祖は宦官《かんがん》の膝を枕に、横になっていた。樊噲は涙を流していった。

「陛下の旗挙げはなんと勇ましかったことか。それなのにいまはなんとぐったりして、宦官だけを相手にされることか。秦の趙高《ちょうこう》のことをご存じないのですか」

趙高は専横を極めた秦の宦官である。高祖は苦笑いして起きあがった。これは「樊・酈・滕・灌列伝」にある。高祖は行儀が悪く、女性にもかなりだらしがなく、そんなところを部下にさらけ出すことが多かったが、忠言には苦笑いしながら従ったことがわかる。

儒者ぎらいではあったが、皇帝となってから、儒者叔孫通《しゅくそんつう》の意見に従い、帝王の儀式がおごそかに行われたのを見て、王者の尊厳を初めて知ったと喜んでいる。

深まりゆく猜疑心

項羽と高祖の本紀は、多分に小説的な筆致で書かれており、それが読む者の興趣をそそるが、高祖の人柄を示すはなしは、世家や列伝に埋め込まれており、それが本紀の興趣をさらに高めるようにしつらえられている。こんな例は秦の始皇帝や、項羽にすらまったく見られない。この二人が孤独の王者であるのに対して、高祖が群臣にかしずかれ、また彼なりに群臣を時には磊落《らいらく》に、時には残酷なまでに厳しく統御しながら、天下を保ち得たことを語ろうとするかのようである。

この方法は、文帝や景帝の時代にも推し及ぼされ、漢という帝国が、衆智のうえに成り立っていることを表現している。

「高祖本紀」の第三部、すなわち高祖が項羽を滅ぼして天下を一統してからの記述は、先に少し述べたように独自の展開を見せ、暗くなる。それはまず功臣や側近たちの謀反《むほん》の頻発と、それに対する高祖の度重なる親征によって表現される。その最大のものは、黥布《げいふ》の謀反と、それに対する親征だった。

高祖にそのころ腹心の猛将がいなかったわけではない。しかし彼らにまかせず親征を強行し、黥布討伐のときに受けた傷が、高祖の命取りとなった。

田中謙二は、朝日文庫の『中国古典選　史記三』の末尾の解説「項羽と劉邦」に、高祖の猜疑《さいぎ》性は年とともに昂《こう》じ、人間として最高の地位に登った結果、それを喪失することの妄想に駆り立てられて、なにびとも信用できなくなったようである、と書く。この非情とか猜疑とかは、ライヴァル項羽にも見られる。項羽はそれでいて慈愛が同居する矛盾した性格だったが、高祖も晩年に至って、まったく同じ性格になったとも。それは「興味ある発見だった」と述べている。

高祖の悲哀

高祖は黥布を討伐したのち、ふるさと沛に立ち寄り、大酒宴を催した。みずから筑《ちく》（絃楽器）をうちならし、自作の歌を歌い、少年たちにも歌わせた。

「大風が巻き起こって　白雲が高く飛んだ
　皇威は海内に普及し　わしは故郷に錦を飾った
なんとか勇士を招いて四方の辺境を守らせたいものだなあ」

得意満面のときの歌にしては、最後の句に、高祖の不安がただよっている。

高祖は歌い、起って舞い、感慨が昂じて、涙がはらはら顔をつたった。

「泣数行下《なみだすうこうくだ》る」とは、項羽が垓下で虞美人とともに歌ったときと同じことばではないか。敗者の悲哀と勝者の寂寥《せきりょう》とを同じことばで表現して、無限の味わいがある。

高祖の悲哀はこれに留まらなかった。仕上げは「留侯《りゅうこう》世家」にある。

高祖は呂太后の産んだ太子（のちの恵帝）が、人柄はいいが柔弱なのが気に入らず、戚《せき》夫人が産んだ趙王如意《にょい》が自分とよく似た性格なので、しばしば太子を廃して如意に替えようとした。それはいけませんと諫言する人は少なくなかったが、高祖の意向は変わりそうにないので、呂太后は気が気でなかった。

ある人が、

「留侯張良殿は策略にたけておられるうえ、お上の信任が厚い。ひとつお願いしては──」

張良は病気がちで、このころは人に会わず、養生専一の生活を送っていた。それを呂太后は兄の呂沢《りょたく》に、なにかいい策を教えてほしいと強要させた。

張良は、はじめは肉親間のことに口は出せないとことわった。だがたってということなので口を開いた。

「これは口で議論して納得していただくのは困難です。ただお上がお召しになれない人が天下に四人おり、みな老人です。四人はお上が傲慢だとして山中に身をかくし、お召しに応じないのです。いまあなたが惜しみなく財宝を提供し、太子さまが辞を低くしてお招きできれば、お上はびっくりなさるでしょう」

四人は「商山《しょうざん》の四皓《しこう》」といって世に名高い隠者である。招致は成功した。黥布がそむいたとき、高祖は病気なので、太子に征討させようとしたが、「四皓」の献策で太子は受けず、病を押しての高祖親征となった。

高祖は黥布を征伐して帰り、病が重くなり、いよいよ太子を替えようと決心した。宴会が開かれ、太子が列席すると、四人が付き従った。みな八十余歳、人品が尋常でない。高祖が怪しんで、

「彼らはどういう人たちだ」

と聞く。四人は進み出て、次々名乗った。東園公《とうえんこう》、角里《ろくり》先生、綺里季《きりき》、夏黄公《かこうこう》――。高祖はびっくりした。

「そちたちは、わしがいくら招いても、出てこなかった。なぜ太子に従う」

四人「陛下は立派な男をばかにして罵倒されるくせがございます。それに比べて、太子は情け深く親孝行で、立派な男を大切になさいます。だから参ったのです」

高祖「そちたちに頼みたい。どうか太子の面倒を見てやってくだされ」

四人は儀礼が終わると、悠々と退席した。高祖はじっとその姿を目で送った。それから戚夫人を呼んでいった。

「わしは太子を替えるつもりだったが、あの四人がかばっている。翼が生えそろったよう

なものだ。どうにもならない。呂太后はお前の主人になってしまった」

戚夫人は泣いた。

高祖「わしのために楚の舞を舞ってくれ。わしは楚の歌を歌ってやろう」

戚夫人は広い意味で楚の人である。高祖は歌う。

「おおとりは高く飛ぶ　ひと飛びで千里をゆく　翼が立派にそなわり　四海を自由にゆく
四海を自由にゆく　もうどうしようもない　たとえ弓矢があっても　どうすることもできない」

歌は何度か繰り返され、戚夫人は激しくすすり泣き、涙を流した。高祖は立ち去り、宴会はお開きとなった。

この場面が「高祖本紀」になく「留侯世家」にあるのはなぜだろうか。おそらく高祖が帝王としては、あまりに人間をさらし過ぎたからではないか、と思う。

たしかに病を押して黥布を討った高祖は余命いくばくもない。しかし「高祖本紀」では呂太后が遺言として、蕭何の次の相国をだれにしましょうかと聞くと、

「曹参《そうさん》がいい」

その次は、と聞くと、

「王陵《おうりょう》がいい。少し鈍いから陳平を補佐役にしろ」

と明快な指示を与えている。さらにその次をたずねると、

「それからあとは、お前の知ったところではないわ」

といっている。あっぱれな天下人ぶりである。その高祖の戚夫人に対する女々しい振る舞いは、本紀に載せるにはしのびなかったのであろう。

「楚歌」ということばは、はるか「項羽本紀」の「四面楚歌」を思い出させる。あのときはかたわらで虞美人が泣いた。いま戚夫人に泣かれる高祖は、敗軍の将のようである。しかも高祖の悲哀は、本紀だけでは決してわからない仕組みになっているところが、またすばらしいのである。

第4章　功臣・謀臣・寵臣

主に本紀をたどり、関係のある世家や列伝を参照しながら、太古から漢の高祖までの記述をすすめてきた。いうまでもなく、歴史は天下を取った英雄によってのみつくられるものではない。天下人を取り巻く、一つ一つの支柱のような世家の上の人物がいる。またそのまわりに有為な人材が、ときには遊星のように飛びまわり、ときには流星のように一瞬の光芒を放って消える。

それらの人物は、あるときには、凡庸な本紀上の人物より優越することがあるかも知れない。これらの歴史上の様相をふまえて、またその様相を描くための手段として、司馬遷は「紀伝体」という独得の形式を編み出した、と見ることができよう。

王の治世を補佐するものとして、尭舜《ぎょうしゅん》の時代には「四岳《しがく》」と称される重臣が現れるが、その事績ははっきりしない。殷《いん》の建国に至って、伊尹《いいん》という賢臣が出現し、殷の末期紂《ちゅう》の時代には比干《ひかん》・微子啓《びしけい》・箕子《きし》といった王族につながる諫臣《かんしん》が現れるが、彼らの人間像も、もうひとつはっきりしない。さらにいえば、そのような臣下に補佐され、諫言される為政者その人の人間像も、あまり明確でない。

1　太公望

周の文王との出会い

そこへゆくと、周建国のころの功臣、太公望《たいこうぼう》には実在感がある。まずそれは周の文王との出会いによって表現される。

もっともこの出会いにも数説あって、渭水《いすい》のほとりで釣りをしていて、周の西伯（文王）に見出されたというのが、いちばん有名である。

西伯は猟に出ようとして、占いを立てたところ、

「きょうの獲物は竜でもみずち（角のない竜）でも、虎でもひぐまでもなく、大王の補佐となる人物である」

と出た。はたして出会った人物が呂尚《りょしょう》だった。話し合って見ると、はたして傑物である。西伯はたいへん喜び、「太公望」の称号を与えた。周では西伯の祖父古公亶父《ここうたんぽ》（太公《たいこう》）が、

「ある聖人が思いがけなく周に来られ、周はその力で急激に興るであろう」

といったと伝えられていた。呂尚こそ太公が望んだ人、すなわち「太公望」というわけで

ある。

別の説では、呂尚は殷の紂王に仕えたことがあるが、紂の無道に愛想をつかして立ち去り、諸侯をまわり歩き、最後に周に来て、西伯に身を寄せたという。

また西伯が美里《ゆうり》に監禁されたとき、もとからの知り合いに救出を相談されて、協力し、そのよしみで西伯に仕えることになったという説もある。

しかし共通しているのは、呂尚が出会いによって、西伯に認められ、西伯や武王の師となったことである、と「斉太公世家《せいたいこう》」は記す。その通りであろう。

呂尚が仕官したのは七十歳ぐらいのころといわれている。それまでは浪々の身だったらしい。すぐれた資質のある男が、七十までいったいなにをしていたのだろうか。

「斉太公世家」によると、呂尚は東海のほとりの人で、本来の姓は姜《きょう》だった。先祖はかつては太古の四岳の一人だったが、夏・殷の時代に落ちぶれ、庶民となってしまった者の子孫らしい。貧乏ではあったが、博学であったという。

七十歳あたりから芽を出したという点は、項羽の謀将范増《はんぞう》に似ている。范増はみずから項羽に売り込みに行って成功したが、項羽と不和になり、結局旅の途中で背中にできものができて亡くなった。その点、呂尚・太公望は、七十代からエンジンをフル回転させ、周の天下取りの第一の功労者となり、斉に封じられて天寿を全うした。

西伯は呂尚・太公望を連れ帰ったのち、いつも二人で秘密に話し合って、さまざまな計画を立案し、かつ実行に移したという。この点は三顧《さんこ》の礼で招かれた諸葛亮《しょかつりょう》と劉備《りゅうび》の関係に似ている。

呪術にとらわれぬ合理性

二人の企ての最大のものは、どうやって殷の暴政をくつがえすかということだった。それも武力で無理押しするのではなく、天下に周の徳を示しながら、多くの味方を獲得することだったが、太公望はどちらかといえば、武力行使と奇策にすぐれていたので、後年、軍略の祖と仰がれることになった。

漢に仕えた張良《ちょうりょう》がまだ志を得ないころ、老人から、

「これを読むと、王者の師になれる」

といわれて授かったのが、太公望の兵法書だったというのが、そのかなり早い例であろう。

文王と太公望の計画は着々と成就しつつあった。周が殷に臣として仕えながら、文王の時代に天下の三分の二を領有するまでになったというのも、政治、外交、軍事の面で、太公望の献策が大きかったという。

文王の没後九年、武王は東へ軍を進めた。太公望は決然と誓いのことばを述べた。黄河の渡し場である盟津《もうしん》に着くと、従う諸侯は八百。みな、

「紂は討って取ることができます」

といったが、慎重な武王は軍を返した。

二年後、紂は諫言《かんげん》した王子比干を殺し、箕子を入牢させ、暴虐はきわまった。武王はいまこそ出兵と、亀の甲で占うと「不吉」と出た。それだけでなく、突然大風雨が起こったため、群臣は恐怖にかられ出兵に否定的になったが、太公望ひとり頑として出兵を主張、武王はそのことばに促されて出兵した。急進して牧野《ぼくや》で決戦を展開、大勝利して殷を滅ぼした。

殷時代、占いは非常に重んじられ、だれもこれにそむくことはできなかった。太公望はそのタブーをあえて冒した。ここに占いよりも現状の分析から事を判断した、太公望の科学性があった。後年、張良が学んだ太公望の兵法は、呪術や祈禱《きとう》などの古代的なものを払拭《ふっしょく》した、合理的、科学的なものであったに違いない。

武王の出陣を、伯夷《はくい》・叔斉《しゅくせい》が武王の馬にとりついて諫《いさ》め、殺されかけたのを、太公望が「義人である」といって引き取らせたことは、前述したように「伯夷列伝」に見えるが、「斉太公世家」には載っていない。

太公望は戦闘に当たっては、みずから本軍を率いて紂の軍に突入し、紂の兵卒たちがみな武器をさかさまにして、周の武王を迎えるきっかけをつくった。紂を斬った後には、犠牲の獣を前に、紂の罪を上天に告げる祭文を読んだ。また鹿台《ろくだい》に蓄えられていた金銀や、鉅橋《きょきょう》の倉庫に積まれた穀物を貧民に給与した。

また比干の墓を築き、箕子を釈放し、王室の象徴である九鼎《きゅうてい》を殷から周の都に移し、紂の子の禄父《ろくほ》を朝歌《ちょうか》（紂王のころの殷の首都）に封じ、武王の弟の管叔《かんしゅく》・蔡叔《さいしゅく》に補佐させた。まだ戦後のことで、安定していなかったからである。また古《いにしえ》の帝王を追慕し、黄帝や尭・舜・禹の子孫たちをそれぞれゆかりの地に封じた（「周本紀」）。これらの措置は、もちろん武王の名で行われたが、太公望の意向が大きく働いていたことは間違いない。

もっとのちの話になるが、秦の都咸陽《かんよう》に入った項羽が、子嬰《しえい》を殺し、財宝、美姫を強奪し、放火して都を廃墟と化し、東に帰ったのと、なんという違いであろう。

子孫は春秋時代の覇者となる

勲功第一等の太公望を武王は山東の広大な土地に封じ、「斉」と号させた。太公望は東海のほとりである山東海岸沿いの出身であるから、故郷に錦《にしき》を飾ったことになる。

太公望は領国に赴任する途中、泊りを重ねてゆっくり旅をした。旅館の主人がいった。

「わたしは、時は得がたく、失いやすいと聞いている。客人はたいへん気楽におやすみなさる。お国入りの殿様ではないのかも知れんな」

太公望はそれを聞くと夜中に飛び起きてあわただしく出発し、夜明けに領国に着いた。

この話は得意の絶頂にあった太公望が、七十余という老齢をハタと悟らされた人生の機微に触れている。当時の七十歳は、仙人のような老の極致と見られたはずである。領国をもらって、そこでひと仕事やる時間が、自分にどれくらい残されているというのか。

任地に赴いた太公望は、異民族の萊《らい》と国土を争って勝ち、その地の風俗を重んじ、政治を整え、礼制を簡略にし、商工業を興し、流通経済を発展させ、人口を増やし、大国斉の基礎をつくった。

周の成王《せいおう》がまだ若く、叔父の周公旦《しゅうこうたん》が摂政をしたころ、管叔・蔡叔が謀反《むほん》を起こしたとき、太公望は命を受けて討伐に力を振るっている。

太公望が亡くなったのは、百余歳だったはず、と「斉太公世家」は記す。その後継として、名前だけの君主の羅列がつづくので、その実在を疑う史家も多い。太公望の没後四百余年を経て、桓公《かんこう》が春秋時代の最初の覇者となる。桓公は本当に太公望の子孫だろうか。

『史記』の記述では、それを信じるしかない。

2 周公旦

周の宗族の第一人者

周公旦ともなれば、武王に次ぐ、周の宗族の第一人者である。文王と妃の太姒《たいじ》との間に、男子は十人あったといわれるが、孝行で仁徳のあることは、他の兄弟たちにぬきんでていた。兄の武王の即位後、常に武王を補佐し、政局の中枢にいた。殷を討伐する軍を進めた際、周公は武王に協力した「牧誓《ぼくせい》」という文章を起草している。

太公望とともに、殷討伐の勲功があったので、山東（魯《ろ》）の曲阜《きょくふ》に封じられた。本来なら「魯公《ろこう》」と名乗るべきだが、領国に行かず、周都に留まって、武王およびその子の成王の補佐をつづけたから、周公と呼ばれる。

殷を滅ぼしてわずか二年にして、武王は病に倒れた。太公望と召公《しょうこう》が、武王が平癒するかどうか占いを立てようとした。人心の動揺をおさえるためである。だが周公は、

「そのような占いをして、ご先祖のみたまにご心配をかけてはいけない」

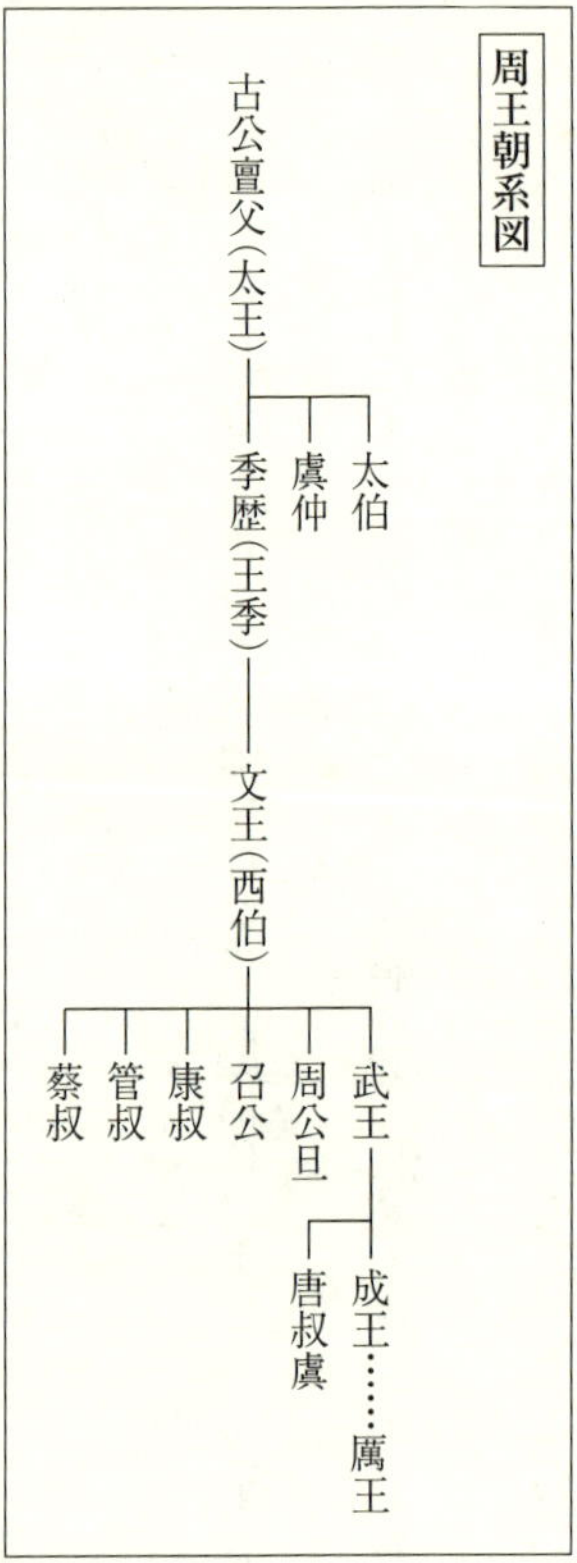

といい、武王に先立つ太王《たいおう》（古公亶父）・王季《おうき》（季歴）・文王（西伯）の祭壇を設け、それぞれに対して、自分が武王の全快のため犠牲になるから、ご意向をうかがいたい、と祈った。三つの祭壇それぞれに占いを立てると、すべて「吉」と出た。

周公はその祭文を箱にしまって厳重に鍵をかけ、関係者にかたく他言を禁じた。翌日、武王の病は癒えた。自分の祈りの内容まで極秘にした点、周公はあくまで誠実だったといえよう。

しかしやがて武王は世を去った。後継の成王はまだ幼かった。周公は成王に代わり、摂政となって国政を担当する決心をした。殷が滅んでから、まだいくらもたっていない。内外の動揺をおさえるのが、最大の目的だった。

だが管叔・蔡叔たち弟は承知しない。周公は成王の位を奪うつもりだとデマを流した。ついに東方の異民族をかたらって反乱を起こした。

世に王弟、皇弟ほど立場のむつかしいものはない。とくに後継の帝が幼いときはなおさらである。現に甥《おい》である後継君主を滅ぼして、みずから位に即《つ》いた例として、はるかのちではあるが、明《みん》の永楽帝《えいらくてい》がいる。日本でも壬申《じんしん》の乱に勝って帝位に即いた天武天皇の例がある。誘惑もあろうし、動かないでいると疑惑を招き、反対に討伐される恐れも出てこよう。

周公は厳として筋を通した。太公望と召公を呼んで、決意を打ち明けた。

「わたしがあえて天子の職務を代行するのは、諸侯が周にそむくのを恐れるからだ。もしそういう事態を招いたら、太王・王季・文王の三王の霊になんと申し開きができよう。三王の長いご苦労がやっと実を結んだというのに、武王は世を去り、成王は幼い。わが国の礎《いしずえ》を固めようと思えばこそ、わたしは摂政をするのだ」

任国の魯へは、息子の伯禽《はくきん》をさしむけ、こう諭した。

「わたしは文王の子であり、武王の弟、成王の叔父だ。世間では高貴な身分とされている身だが、そのわたしでさえ、人の訪問を受ければ、洗髪（沐《もく》）や食事を何度も中断して面会し、礼にはずれぬようにしている。それでも優秀な人材を逃してはいないか、気がかりでならぬ。お前も魯に赴いたなら、けっして驕《おご》ったまねをするでないぞ」

「一沐に三たび髪を捉《にぎ》り、一飯に三たび哺《ほ》を吐く」

という周公のことばは、後世の魏王曹操《ぎおうそうそう》を感激させた。自作の「短歌行《たんかこう》」の末尾を、

「周公哺を吐き　天下心を帰す」

と結んでいる。

　周公は謀反を起こした管叔・蔡叔に対して、成王の命を奉じて討伐の軍を進め、管叔を武庚《ぶこう》とともに誅殺《ちゅうさつ》し、蔡叔を辺地に追放した。武庚は殷の祭祀を継がせた禄父のことである。彼らの統治下にあった殷の遺民を二分し、弟の康叔《こうしゅく》を衛《えい》に、紂の異母兄の微子啓を宋《そう》に封じて、殷の祭祀を引き継がせた。これで東方は平定し、諸侯は周を宗主と仰ぐようになった。

　成王の弟の唐叔虞《とうしゅくぐ》が、茎が二本で穂が一つという、二心一体を象徴するような稲を献上した。成王はまだ東方にいた周公に贈らせ、「餽禾《きか》」と題する一文をつくった。周公はこれにこたえて「嘉禾《かか》」をつくった。

　成王は成長して、親政ができるようになった。周公はさっそく成王に政治の大権を奉還した。周公は摂政をつとめていたあいだは、王の座につき、王の格式で諸侯を引見してい

た。だが七年にして大政を奉還すると、臣下の座にくだり、臣下の礼をもって王に仕えた。

それでも成王に対してあらぬことを吹き込む輩《やから》がいた。王の猜疑心《さいぎしん》がつのり、周公はやむなく楚にのがれた。

成王は幼かったころ、重病にかかったことがある。周公は自分の爪を切って黄河に沈め、水神にこう祈った。

「王はまだ幼少の身で、分別をそなえていません。もし神慮にそむいたとすれば、わたくしの罪です。どうかわたくしを罰せられますよう」

成王は回復した。周公はこの祭文も書庫に納めて人目に触れさせなかった。後に成王は書庫を開いて、この祭文を見つけた。成王は泣いて不明を悔い、周公を呼び戻した。

孔子が理想とした人間像

周公は臨終に当たって、

「わたくしの遺体はかならず成周《せいしゅう》（東都）に葬ってほしい。成王のおそばを離れぬつもりだから」

だが成王はそれを受けるのをはばかり、周公は文王の墳墓の地である畢《ひつ》に埋葬され、文

曲阜に遺る魯国の古い城壁

王にはべるかたちとなった。

周公の没後、秋の収穫を前に、暴風や雷雨が荒れ狂って農作物をなぎ倒し、人々の不安は募った。成王が古記録を調べると、周公が自分を犠牲にして武王の病を救おうとした祭文が現れた。固く秘密にせよと厳命していたことも、係官らの証言で明らかになった。これは天が周公の徳を明らかにするために、威を示されたのだと、成王は泣いた。郊外に出向いて天を祀ると災害はおさまった。

これ以来、成王は周公の後裔《こうえい》である魯に対して、郊外に天を祀るという天子の儀式を許した。魯の地に天子の礼楽が伝わったのは、周の王室が周公の徳をあがめたからだとされる。この伝統は、やがて孔子の思想と学問を触発することになる。

周公の息子伯禽は、周公の摂政中に、すでに魯に赴任して魯公となっていた。三年たって、やっと周公に施政の報告を提出した。

「ずいぶん遅いではないか」

周公がいうと伯禽は答えた。

「旧来の風俗を変え、礼法を改めて、喪はきっちり三年行うよう指導していたものですから」

太公望は斉に赴任してから、わずか五ヵ月で施政報告をしてきた。

「ずいぶん早いではないか」

太公望は答えた。

「君臣の礼を簡素にし、民の風俗に従って政治をしたものですから」

周公は嘆息した。

「政治は簡素でないと、民は親しまない。束縛を意識させず、おのずと民を帰服させることこそ、政治の眼目なのだが。このぶんでは、魯はいずれ斉の臣下になってしまうだろう」（以上の記述は「魯周公世家」による）

戦国の世に、斉・魯の関係は、ほぼこの予言に近くなってしまった。もっとも斉も、太公望の子孫は滅んで、田氏《でんし》の斉になっていたが。

周公の言動を見ていると、単なる天子の補佐ではなく、天子そのものの威厳と、治世能力を備えていたことがわかる。しかしそれを誇らず、摂政の分を守り抜き、周という国家を率いて、創業から守成にかけてのむつかしい時期を乗り切った賢明と至誠に、後世は感嘆を惜しまない。

「甚《はなは》だしいかな、吾が衰えたること。久しく吾れ復《ま》た夢に周公を見ず」

と晩年の孔子は嘆いた。儒教では尭・舜・禹・湯・文王・武王・周公を聖人と仰ぐ。孔子にとって、周公はもっとも時代が近く、かつ自分の生まれ育った魯の国祖であり、その事績には、ついこのあいだ別れた生身の人のような親近感を抱いたと思われる。他の聖人の、多分に伝説化、象徴化された事績に比べると、周公は人間存在の理想として、孔子が傾倒した人物だった。

3 韓信

太公望と周公旦は、天子になりうる資質を持ちながら、補佐の臣としての立場を貫き、功成って、封侯として身を全うした。時代は降って楚漢の覇権争いのとき、高祖が天下を制したのは、高祖の器量と、張良《ちょうりょう》・蕭何《しょうか》・韓信《かんしん》の、世にいう三傑の才略との息がぴったり合ったからだった。

一統の業なってのち、張良・蕭何は、辛くも身を全うしたが、韓信は非業の最期を遂げた。韓信を描いた「淮陰侯列伝《わいいんこう》」は、列伝のなかの最高傑作といえよう。それは韓信の悲劇を浮き彫りにする。しかもその底に、司馬遷の冷徹な目が光っている。伯夷《はくい》・叔斉《しゅくせい》や屈原《くつげん》の列伝や、また「孔子世家」に見られる思い入れがない。だからなおさら、人間としての韓信を、よく描いているといえる。

「漂母の餐」と「股くぐり」

淮陰（江蘇）に生まれた韓信は、そこそこの身分の出身らしく、いつも剣をぶらさげて歩いていた。しかしお上の目にとまることもなく、商売の才覚があるわけではなく、いつもぶらぶらして、腹が減ったら、だれかの所にころがりこんで、飯を食わせてもらった。

ある亭長の家では居候して数カ月にも及んだ。亭長の妻はいやけがさし、ある朝、食事をととのえると、自分だけ寝室で食べてしまい、韓信が現れても知らぬ顔をしていた。この仕打ちに韓信はカッとなり、以後この家と交わりを断ってしまった。

身よりがあったのか、なかったのか。列伝は「布衣《ふい》」（庶民）としか記さない。図体は大きく、長い剣をぶらさげて、あてもなく歩く姿は、あわれとしかいいようがない。

「食」についての逸話はもう一つある。ある日、城壁のほとりで釣りをしていた。その河が淮水《わいすい》だったか、支流の細い川だったのか、それもわからない。釣りは太公望の釣りではない。食事の足しにしようと思ったのだろうが、あいにく一尾も釣れない。

河のほとりでは、小母《おば》さんが数人、綿を水にひたしては、河原に晒《さら》して乾かしていた。その一人が、韓信が腹を減らしているのを見た。たぶん、うずくまっていたのだろう。見かねて飯を恵んだ。自分の弁当を分けてやったのか、共同炊事の余りを食べさせたのか、これもはっきりしない。韓信は毎日やってきた。晒し作業が終わるまで数十日間、小母さんの飯で養ってもらった。

これは「漂母《ひょうぼ》の餐《さん》」という成句になっている。「漂母」は綿を晒す小母さん、「餐」はご馳走である。

やがて作業が終わる日が来た。韓信はいった。

「おれはいつか、小母さんにたっぷり礼をするぜ」

小母さんは腹を立てた。

「大の男が自分で食えないなんて。わたしはにいさんが気の毒だと思えばこそ、食わせてあげたんだよ。お礼がほしくてやったんじゃないや」

後日、韓信は漂母に厚く報いた。

次は剣が禍《わざわい》を呼ぶ。食肉処理業者なかまの気の荒い若者が、からんできた。

「やい、でかい図体をして、長い剣をぶらさげてやがる」

おおぜいが取り巻いて恥をかかせた。

「殺す度胸があるなら、おいらを刺してみな。出来なけりゃ、おいらの股ぐらをくぐりやがれ！」

韓信は相手をじっとにらんだ。やがて腹這いになって、男の股をくぐった。盛り場じゅうにうわさが立ち、みな韓信は臆病者だと嘲笑した。有名な韓信の股くぐり。「ならぬ堪忍、するが堪忍」と、日本でも教訓となった。

三つのエピソードは、韓信の苦い「青春彷徨《ほうこう》」である。いたずらに長剣を帯びた韓信は、自分になにができるのか、自分で測りかねているような青年だったらしい。

自己の能力に開眼

楚の項梁《こうりよう》の一隊が淮水を渡って進軍してくると、韓信は麾下《きか》に加わった。ここでも「行きずりに」というニュアンスが強い。項梁が戦死すると項羽に従った。項羽は韓信を郎中《ろうちゆう》という、単なる護衛官に任命した。このころから、戦場を何度かくぐって、韓信に見えてくるものがあった。韓信は何度か項羽に作戦を具申した。だが項羽は用いない。

そのころ劉邦が漢王となって、蜀に赴任すると聞き、韓信は項羽のもとを逃げ出して漢王に投じたが、連敖《れんごう》という賓客接待係の官をもらっただけで、さっぱりうだつがあがらない。そのうえ法にふれる事件に連座して、仲間十三人とともに打ち首になることがきまった。

刑場で仲間がつぎつぎ斬られる。韓信の番が迫った。おれの一生は、こんなはかないつまらないものだったか。ふと目を上げると、太僕《たいぼく》・夏侯嬰《かこうえい》の姿が目に入った。太僕は主君の行列を警護する責任者、侍従長に当たる。韓信は顔を知っていた。声をふりしぼって叫んだ。

「あなたの殿様は、天下を取るお望みではないのですか。どうして立派な男を斬ろうとなさるのですか！」

夏侯嬰は韓信のことばと面がまえに、あらためて感心した。そこで罪を許し、斬らずにいっしょに語り合って、たいへん気に入った。さっそく漢王に推薦すると、漢王は治粟都《ちぞくと》尉《い》に任命した。兵糧《ひょうろう》庫の責任者だから、漢王はまだ韓信をたいした人物と認めたわけではない。

しかし韓信は、しばしば宰相の蕭何と語り合うことができるようになった。蕭何は韓信を、すぐれた人物だと評価した。このころ韓信はやっと自己の能力に開眼したのではなかったか。それは大きな作戦に際して、多くの将兵を手足のように使って、勝利に導く能力である、用兵において、自分の右に出るものはいないという確かな自覚に達した。だから蕭何は話し合ってみて、目を見張ったのである。

韓信こそ「国士無双」

漢王は、自分の封国の都城のある南鄭《なんてい》に向かっていた。途中で諸将の逃亡が相次いだ。蕭何は韓信のことばを傾聴したものの、漢王はいっこうに韓信を登用する気はないらしい。韓信もまた逃亡した。

蕭何は、韓信が逃げたと聞くなり、漢王に申しあげもせずただちに追いかけた。ある者が漢王に言上した。

「宰相どのが逃亡しました」

漢王はたいへん怒った。まるで両手を失ったようだった。ところが二日ほどたって蕭何が帰ってきた。漢王は腹が立つやらうれしいやらで、蕭何をどなりつけた。

漢王「きさままで、なぜ逃げた」

蕭何「逃げるなど、とんでもない。わたくしは逃げた者を追っかけたのです」

漢王「だれを追っかけたのだ」

蕭何「韓信です」
漢王の怒りがまた爆発した。
漢王「将軍どもが何十人と逃げたのに、きさまはだれも追っかけたりしなかったではないか。なぜ韓信を追っかけたのだ。いい加減なことをいうな」
蕭何「将軍たちなら、いくらでも代わりがいます。しかし韓信こそ、二人といない人傑です。殿がこの先ずっと漢中の王でいらっしゃりたいなら、韓信など不要でしょう。しかし天下を争うおつもりなら、韓信よりほかに大事を諮《はか》る人物はおりません。殿はどちらの道を採られますか」
漢王「わしだって東に打って出て、天下を争うつもりだ。こんなところにいつまでもくすぶっておられるものか」
蕭何「それなら韓信を重くお用いください。かならず留まるでしょう。そうでなければ、韓信は結局逃げますぞ」
漢王「お前の顔を立てて、将軍に取り立てよう」
蕭何「将軍ぐらいでは韓信は留まりますまい」
漢王「よし。大将軍に任命しよう」
蕭何「ありがたき幸せ」

「鴻門の会」の前の、漢王と張良の問答と同じく、司馬遷得意の会話体が、ここでも事の推移をいきいきと伝える。「逃げた者を追っかけたのです」の原文は「臣追亡者」ときわめて簡潔に表現する。「二人といない人傑」の「国士無双」は成句となり、麻雀の大役にも使われる。「ありがたき幸せ」の「幸甚」はいまなお手紙などに使われる。

「背水の陣」で趙に大勝

韓信の大将軍任命は、だれもがあっと驚く人事だった。蕭何はさらに漢王に説く。

「おそれながら殿は日ごろ傲慢無礼です。大将軍を任命するのに、まるで子供を呼びつける程度にしか考えていらっしゃいません。韓信が逃亡したのも、もっともです。韓信を大将軍に任命しようとお思いなら、吉日を選んで身を清め、高台をしつらえて儀礼をととのえてください」

「よかろう」と漢王は承諾した。韓信の拝将台《はいしょうだい》は、いまも漢中《かんちゅう》市に遺っている。

任命式が終わって韓信が席にすわると、漢王はさっそく計略の提示を求めた。

韓信は、これから天下を争うライヴァル項羽とあなたと、どちらがまさっているかと問い、漢王から「わしは及ばぬ」という答えを引き出す。韓信は漢王の正しい自己評価をたたえる。「自分もそう思う」と同意したのち、項羽の勇が「匹夫の勇」、仁愛が「婦人の仁」で、強さはまったく見かけ倒しであることを説く。だから項羽の反対をやれば、かならず撃破できる、というのだ。

項羽のように物惜しみせず、武勇の士を登用して、攻め取った都市を功臣に与えたなら、屈服させられない敵などいない。まして正義をかかげて、東に帰りたがっている兵士たちを率いるのだから、退散させ得ない相手などいない。かつての秦の地は項羽の残虐を恨み、殿様の仁慈をなつかしんでいる。いま秦に入れば、布告を伝えるだけで平定できるのではないか。

以上の堂々とした意見表示に、漢王は大喜びした。ひそかに、

「なぜ韓信をもっと早く抜擢《ばってき》しなかったのだろう」

と悔やんだ。

漢軍は怒濤《どとう》の勢いで東進した。諸侯たちの多くもこれになびき、項羽の都である彭城を落とした。しかしここで勝利に傲《おご》り、油断したため、項羽のものすごい逆襲をこうむり、諸軍はちりぢりになって退却する。韓信はさすがに兵卒をまとめ、滎陽《けいよう》で漢王といっしょになり、楚軍の西進をはばみ、膠着《こうちゃく》状態に持ち込んだ。総くずれを食い止めたのは、韓信の功だった。

彭城の敗戦後、漢王の配下から楚に寝返るものが多く、斉・趙二国も楚と講和した。魏

王豹《ひょう》も休暇を願い出て、国に帰ると漢に背いて楚と講和した。放っておくと、漢は孤立無援になりかねない。漢王は韓信を左丞相《さじょうしょう》に任命して魏を討たせた。つづいて代《だい》をも撃破すると、漢王は韓信の精兵をとりあげて自分の配下におさめ、滎陽での防備に使った。

韓信は張耳《ちょうじ》と協力して、東進して井陘《せいけい》に下って趙を討とうとした。井陘は大行《たいこう》山脈を越えて河北平野に出る要衝で、趙王歇《けつ》と陳余《ちんよ》は二十万の兵でここを固めていた。趙の家臣李《り》左車《さしゃ》は、韓信軍の進撃に対して、後方の兵糧部隊を奇襲して、主力を孤立させようと献策するが、儒者である陳余は採らない。

韓信は相手よりよほど少ない主力一万人を、河を背にして布陣させ、二千人の軽騎兵をカラになった相手の砦に向かわせた。相手は「背水《はいすい》」の布陣を見て嘲笑し、かさにかかって攻めてくるが、後ろのない韓信軍は必死で戦うので、容易に撃破できない。そのうちに趙軍の砦に突入した軽騎兵が、韓信軍の旗をかかげた。挟み撃ちにされたと感じた趙軍は混乱し、韓信は大勝、陳余を斬り、趙王歇を捕らえた。

部下の諸将が問う。

「兵法では山を右と後ろに、水を前と左に布陣せよと教えています。水を背にして、なぜ勝ったのでしょうか」

韓信「諸君は気づかないが、兵法にいうではないか。『死地に陥ってはじめて生き延びる』と」

ここで韓信が日ごろ鍛えた精兵は、みな漢王に配属され、韓信の配下には気心の知れぬ新しい兵ばかりしかいなかったことに思い及ぶ。「水を前に」という定石通りの布陣では、数では圧倒的に優勢な敵を見て、みな逃げてしまうだろう。「死地」に置くことによって新兵たちを死にものぐるいに戦わせ、死中に活を求めさせ、敵が攻めあぐねている間に、一隊が無人になった砦を占領し、挟み撃ちの恐怖を与えたのである。「背水の陣」は、兵略と心理的統率が結合した、韓信の芸術というべきだろう。

垓下の勝利を導く

井陘で大勝した韓信は、張耳とともに、さらに趙のあちこちを攻略にまわり、脩武《しゅうぶ》というところで、早朝まだ眠っているところへ突然漢王が馬を飛ばしてやってきた。漢王は当時、項羽軍に成皐《せいこう》で包囲され、非常な苦境にあり、辛うじて脱出してきた。驚く二人に対して、漢王は将軍の印と割り符を取り上げ、またもや韓信の軍を自分の指揮下におさめた。韓信にはまだ召集されていない趙の若者を狩り集め、東の斉を攻撃せよと命じた。張耳には趙の守備を命じた。

斉に対して、漢王は使者として、弁論の士・酈《れき》食其《いき》（酈生）を派遣し、漢に帰服するこ

人間コラム②

淳《じゆん》于《う》髠《こん》と鄧《とう》通《つう》

『史記』には「滑稽列伝」「佞幸《ねいこう》列伝」など特殊な列伝があり、司馬遷の人間洞察の広さと深さを思わせる。

戦国時代の斉の「稷下《しよくか》の学者」のなかで、最大の人気者は淳于髠だった。奴隷のため丸刈りで、小男という珍妙な容貌をしていたが、頭は滅法よく、稷門を一手に切り盛りする一方、王に対して内治・外交の面で、機知にあふれた諫言をすることで有名だった。「リゴレット」のような道化役も兼ねていたようで「滑稽列伝」に入れられている。

これに対して、天子へのへつらいをなりわいとし、「佞幸列伝」に名を留めているのが、漢の文帝の寵臣・鄧通である。ある夜、文帝は夢を見た。天に登ろうとしてなかなか登れない。すると一人の船頭が押してくれてやっと登ることができた。その船頭の着物は背中から尻のあたりがほころびていた。

次の日、池で船に乗ると、船頭のなかに夢にそっくりのほころびた着物の男がいる。名を聞くと鄧通だという。鄧は登に通じるので文帝はすっかり喜び、以後側近に置いて寵愛した。

文帝が癰《よう》(腫れ物)を患うと、口をつけて膿《うみ》を吸い取るなど、鄧通の勤めぶりは抜群だった。しかし人相見に鄧通を鑑定させると、貧困の果てに餓死する相だという。自分がついているのにと文帝は銅山を与え、銭の鋳造を許し、大富豪にさせた。

しかし文帝が死ぬと鄧通は免職になり、銭の鋳造の不正を摘発され、財産は没収、無一物になった。哀れに思って金品を贈るものがあると、そのつど没収、結局、鄧通は銭というものを一文も持たずに窮死した。

とを了承させていた。韓信はその情報を得たが、自分のほうに進撃中止の命令は来ていないので、かまわず進んで斉を激しく攻めた。斉は約束が違うと、酈食其を殺して頑強に抵抗した。しかしここでも韓信の軍略は冴え、斉をすっかり平定した。前二〇三年。漢の元年は劉邦が漢中の王になった前二〇六年と定めている。その三年後のこの年には、形勢が漢の天下に定まりかけているから、以後、漢王を高祖と呼ぼう。

韓信は高祖に言上した。高祖は依然として滎陽で、項羽軍に包囲されている。韓信は、斉は大国で策士が多く、しっかりおさえていないと、いつ楚と結んで漢に敵対するかわからないから、自分を一時的に仮の斉王にしてほしいといったのである。

高祖は激怒した。韓信軍の急攻によって、説客・酈食其を失った怒りもあったかもしれない。

「わしはここで苦境にあって、お前が助けにくるのを当てにしている。それなのに、王になりたいなどとぬかしおって！」

張良がそっと高祖の足をふんでささやいた。

「漢はいま戦況不利です。この機会に韓信を王に取り立て、自分から進んで斉を守るようにしむけないと、たいへんなことになりますぞ」

高祖はハッと気づいた。ここで韓信に謀反を起こされたら――。

高祖「大の男がけちくさいことをいいおって。仮の王でなしに、本当の王になればいいのだ」

さすがにとっさの頭の回転はみごとだった。韓信はその後、武渉《ぶしょう》とか蒯通《かいつう》とか、名だたる弁論の士の説得をすべて断り、高祖の忠実な部将でありつづけた。斉を手にした韓信は、項羽と高祖に匹敵する国士と兵力を手に入れた。天下の三分の一を領し、天下取りのキャスティングヴォートを手にしたのだ。この韓信を漢につなぎ止めておこうとする、張良の判断に、高祖は従った。

韓信や彭越《ほうえつ》ら別動軍の活躍で、項羽は次第に劣勢になってゆく。ついに項羽は滎陽《けいよう》の包囲を解き、東に撤退を始めた。高祖は追う。固陵《こりょう》というところで、韓信、彭越の兵を合わせて、項羽と会戦するつもりだった。だが二人はやって来ない。なぜだ? 張良がいう。

「楚軍を破れそうだというのに、彼らに分け前がありません。やって来ないのは当然です。あなたが天下の土地を割いてやればいいのです。韓信には陳から東、海に至るまでを、彭越には河南から北の広い土地を与え、それぞれ自分のために戦うのだと思わせれば、楚はわけなく破ることができます」

高祖は「よかろう」といった。はたして二人はやって来て、垓下《がいか》の勝利の決め手となった(「項羽本紀」)。

遅すぎた謀反

しかし項羽が滅ぶやいなや、高祖は斉王韓信の陣屋に入り、その軍を奪って配下におさめた。韓信には斉王から楚王に国替えを命じた。韓信は楚に赴任し、かつての綿晒しの小母さんに厚く報い、股くぐりをさせた男をも取り立てた。

しかしこんなことに日を費やしていていいのだろうか。蒯通はいった。あなたの戦功はずば抜けている、越王勾践《えつおうこうせん》の功臣である大夫種《たいふしょう》も范蠡《はんれい》も、事成ったのちは死なねばならなかったではないか、と。

これは蒯通の記憶の間違いで、大夫種は自殺したが、范蠡はすばやく越を去り、他国で大富豪となった。蒯通はむしろ大功の臣は、死ぬか逃れるかしかないと説くべきだった。謀反の時機はもはや過ぎ去っていた。丸腰の楚王となった韓信になにができよう。高祖のほうが、韓信に兵力を与えるこわさを正しく認識していたのだ。

韓信の謀反を密告する者がいた。高祖は陳平の計略を採用し、雲夢《うんぼう》に諸侯と会することにかこつけて韓信を呼び寄せて捕らえた。縛られて車に放り込まれた韓信は、

「すばしこい兎が退治されると、いい猟犬は煮殺され、空の鳥が落とし尽くされると、みごとな弓もお蔵入りだ。まことに人がいった通りだ」

と叫んだ。「越王勾践世家」で范蠡が同じことをいった。しかし范蠡は大夫種に、はやく越を去れと忠告するためにいい、韓信は「ひかれもののの小唄」のように叫んだ。同じ語句をこのように使い分けた司馬遷の表現力は見事である。

高祖もさすがにあわれと思ったのか、殺さずに淮陰侯《わいいんこう》に格下げして召し使った。そのころ、自分のことを「多々益々善し」といい、高祖を評して「将に将たる器」といっていることは前にも述べた。韓信の一生はいろんな成句に彩られている。

韓信は世が安定してくると、漢の帝国が自分を容れぬ世界であることを、遅蒔きながら知り、本当に叛意を抱いた。陳豨《ちんき》という人物と謀反をしめし合わせる。しかしもう遅い。高祖が三度も自分の精兵を奪ったころに、去るか反するか、決断すべきだった。今度も家令の弟に密告され、高祖が陳豨討伐に出陣中、蕭何の計略によって、あっけなく呂后に捕らわれて処刑される。蕭何はかつて韓信が逃亡したとき、追っかけて連れ戻し、高祖に、

「あの男こそ国士無双」

と推薦した人物なのに、韓信を捕らえるほうにまわった――。

司馬遷の批評は、きわめてクールである。

「韓信がもし謙譲で、自分の功績や才能を誇らなかったら、周公・召公・太公望と同様に、子々孫々まで祭祀を受けただろう。功績そのものはきわめて大きかったのだから。し

かし謙譲を学ばず、天下が治まってから謀反を図ったのでは、一族すべて処刑されたのも当然ではないか」

わたくしは淮陰出身の日本留学の大学生に会ったことがあるが、淮陰での韓信に対する敬仰は絶大であるという。

4 張良

漢王のあつい信任

張良の生き方は、韓信と対照的である。

「留侯世家」によると、張良は韓《かん》の名門に生まれた。韓が秦に滅ぼされたときは、まだ若年で官途についていなかった。だが豊かな家財を投じて大力の刺客を雇い、秦の始皇帝を暗殺して、韓の仇を報じようと図り、博浪沙《はくろうさ》で始皇帝を襲撃したが、果たさなかった。投げた鉄槌が、お付きの車に当たって、始皇帝は無事だったのである。

張良は名前を変えて下邳《かひ》にかくれ住んだ。そこで不思議な老人に会い、太公望の兵書を授かり、一心に学んだ。一方で任侠の群れに投じ、項羽の叔父の項伯が殺人を犯したときにかくまってやった。これがあとで大きくものをいうことになる。

十年たった。陳勝《ちんしょう》が挙兵した。張良もまた少年百余人を集め、留《りゅう》の景駒《けいく》というものの所に行く途中、当時の沛公《はいこう》に出会って、その軍に加わることにした。張良が具申する太公望の兵法を、沛公はよく聞いて採用してくれた。かってないことだった。

「沛公こそ天来の英傑だ」

と張良は臣従することにした。項羽にも高祖にもはじめはまったく無視された韓信と比べると、運命的な出会いといってもいいだろう。

沛公は項梁の軍に合流した。項梁が楚の懐王を擁立すると、張良は韓の王子のうち横陽《おうよう》君成《くんせい》を韓王に立てることを願い出て許され、張良はその大臣となった。やがて沛公は韓王に後方をまかせ、張良とともに西進し、ついに咸陽《かんよう》に入城した。

沛公がおびただしい財宝、美女に目がくらんで、宮殿に留まろうとするのを、樊噲《はんかい》が野営せよと諫《いさ》めた。張良は「忠告は耳に痛いが、行動に役立つ。良薬は口に苦いが、病気には効く」ということわざを引き、樊噲の意見を聞いてやってくださいと願った。沛公はしかたなく、覇上《はじょう》にもどって野営した。

この直後、項羽が進軍してきて、「鴻門の会」の危機となり、張良、項伯の働きで虎口を脱することができた。沛公は漢中に封じられて漢王となって赴任するが、張良は韓王のもとに帰る。別れる際、張良は漢王に、通り過ぎる桟道《さんどう》を焼いて、東に帰る意思のないことを示して、項羽を安心させなさいといい、漢王はその通りにする。張良のいうことに、漢王は不思議なほど従順である。それがいつもよい結果を生む。

ところが項羽は、漢と韓の連合を恐れ、韓王をいっしょに東に連れ帰り、やがて殺してしまった。張良は辛うじて逃れ、漢王のもとに帰ってきた。いままで韓と漢に対する二重忠誠の身だったのが、ここで漢王専一に仕えることになった。

漢王は北上してもとの秦の部将たちが封じられていた三秦の地を平定し、一路東に進んだ。張良は成信侯《せいしんこう》に取り立てられ、漢王に同行した。項羽の留守に、楚の都彭城を陥れ、勝利に酔いしれたが、項羽の逆襲をこうむって大敗、漢王はただ逃げるだけだった。下邑《かゆう》というところまでたどり着き、ひと息いれたが、落ち着く場所とてない。漢王は馬の鞍をはずして腰をかけ、張良にいった。

「わしは函谷関《かんこくかん》から東の地はあきらめねばなるまい。しかし同じあきらめるのなら、協力して楚を討つものに譲りたい。だれがよかろう?」

漢王は張良にはいつも率直に話す。本当に困ったときの相談相手なのだ。

張良「九江王黥布《きゅうこうおうげいふ》は楚の猛将ですが、項羽との仲がよろしくありません。また彭越は、斉王田栄《せいおうでんえい》と呼応して、梁《りょう》（魏《ぎ》）の地で項羽に反旗をひるがえしています。この二人に急使を遣わしてください。わが軍で大事をまかせることのできるのは、韓信ひとりです。この三人におまかせなさい」

漢王はさっそく黥布と彭越に連携の使者を送り、韓信には別動隊として燕・代《だい》・斉・趙を攻略させた。「背水の陣」で趙に大勝したのも、もとはといえば張良の起用策が当たったのだ。参謀としての張良の頭脳は、冴えに冴えていた。漢王自体は東からの項羽の重圧に滎陽・成皋《せいこう》の線で必死に耐えた。その間に、結局韓信・彭越・黥布が、漢を勝利に導いたのである。

明哲保身の模範

しかし漢王の苦戦はつづく。滎陽で項羽に包囲され、身動きならない。酈食其《れきいき》を呼んで苦境打開策を求めた。酈食其は、秦が戦国の六国を滅ぼしたのだから、いま六国の子孫を復活させ、諸侯に封ずれば、天下はみな殿の恩徳になびき、殿は四海を平定なさいましょう、と説いた。漢王は同意してさっそく諸侯の印を彫らせようとした。

そこへ張良が来た。漢王は食事中だったが、この話を聞かせ、

「名案と思うが、お前はどうか」
張良「だれがそんな案を立てたのですか。殿の事業もこれでおしまいですな」
漢王「なぜだ！」
張良「ちょうどお食事中。このお箸をお借りして考えましょう。むかし湯王《とうおう》が夏《か》の桀《けつ》を討って、桀の子孫を杞《き》に封じたのは、桀の息の根をとめることができると思ったからです。いま殿は項羽の息の根をとめられますか？」
漢王「そりゃ無理だ」
張良「周の武王が紂《ちゅう》を討って、その子孫を宋に封じたのは、紂の首をあげられると考えたからです。殿はいま項羽の首をあげられますか？」
漢王「いや、無理だ」
張良「武王は殷に入ると、賢者商容《しょうよう》を表彰し、箕子《きし》を釈放し、比干《ひかん》の墓を立派にしました。いま殿は賢者を表彰し、賢人に敬意を表し、聖人の墓を立派にできますか？」
漢王「いや、無理だ」
張良はむかしの征服者の故事を七つ挙げ、一つずつに箸を置いて数をはっきりさせた。
漢王の答えはすべて「無理だ」の一点張り。第八問で張良は力をこめた。
「天下の、故郷を離れたひとかどの男が、肉親と離れ、墳墓の地を棄てて、殿に付き従ってあちこち歩くのは、ただわずかの土地を手に入れたいと思えばこそです。いま六国を復興してそれぞれの子孫を立てれば、異郷にある天下の人々は、それぞれ帰国してもとの主君筋に仕え、肉親のところに行き、昔なじみや墳墓のもとに帰るでしょう。だとすれば、殿はいったいだれとともに天下を取るおつもりですか」

張良は第八問を終えてさらにいう。

「いま楚の力を強くしないのが先決なのです。楚が強いと六国の子孫が立ったところで、また屈服するのが落ちです。こんな計略を採用なさると、殿の事業はおしまいになりますぞ」

漢王は食事をやめ、口から食物を吐き出して叫んだ。

「腐れ儒者め！　すんでのところでわしの事業をおじゃんにしやがるところだった」

この問答には箸という小道具がついているので、よけいに面白い。儒者の理想論を、したたかな現実認識でやっつけたわけである。このあと韓信・彭越・黥布の活躍で、項羽は没落した。

勝利後の論功行賞で、戦功のない張良を、「帷帳《とばり》のなかで謀《はかりごと》をめぐらし、千里の外での勝利の因をつくった」と高く評価し、斉で三万戸の領地を与えようとした。張良はいう。

「わたくしは留の地で殿にお目にかかりました。これこそ天のお引き合わせです。謀の成功は時の運。留の地をいただけましたら結構でございます」

そこで張良を留侯に封じた。

その後、功臣たちの恩賞についての不安、不平の解決策を進言して、混乱を防いだ。洛陽に首都を置きたがっている高祖に、関中《かんちゅう》つまり長安のほうがいいと、劉敬《りゅうけい》の説を支持した。

留侯張良は病気がちだった。それで道家《どうか》式の体操に励み、穀類を食べなかった。「栄達はこれで十分だ」ともいっていた。不思議な話だが、太公望の兵書を授けた老人が、その予言通り、穀城山《こくじょうざん》のふもとで黄色い石と化していたのを見つけ、たいせつに祀ったという。

半分隠居のような張良が、呂太后《りょたいこう》一族のたっての頼みによって、皇太子のもとに「商《しょう》山《ざん》の四皓《しこう》」と呼ばれる老士を招き寄せ、高祖に廃太子の意向を断念させたことは、先に述べた。高祖の死後、八年して没した。明哲保身の模範といえよう。

司馬遷は、張良の謀の常人ばなれしてすごいのに、絵姿を見ると、まるで女性のように柔和なのに驚き「人は見かけによらぬ」に似た感慨をもらしている。

5　蕭何

漢の臣下の最高位

高祖の功臣たちのなかで、張良と蕭何《しょうか》だけが一身を全うした。蕭何は相国《しょうこく》という臣下最高位に登った。しかし一身の保全には、非常な苦さを味わわねばならなかった。「蕭相国世家」を見てみよう。

蕭何は高祖と同郷で沛《はい》県豊《ほう》の人である。県の小役人として、まだ無名の庶民だった高祖の面倒をよく見てやった。高祖が労務者の監督として都の咸陽に赴いたとき、役人たちは餞別《せんべつ》に三百銭ずつ贈ったが、蕭何は五百銭はずんだ。このことを高祖はよくおぼえていた。

高祖が秦を討って咸陽に一番乗りしたとき、蕭何は財宝に目もくれず、丞相《じょうしょう》・御史《ぎょし》の律令や文書を保管しておいた。項羽が咸陽を焼き尽くしたが、蕭何が保管した文書により、高祖は天下の形勢を正しく把握することができた。韓信を見込み、逃亡した韓信を追っかけて連れ戻したことは、先に述べた。

高祖が東に軍を進めたあとも、蕭何は関中にとどまり、太子の恵《けい》を擁して、行政を整えた。すべて高祖の裁可を得てから実行するように心がけた。緊急の場合は事後承諾を得た。

蕭何は関中の戸数や人口を正確に把握していた。高祖はしばしば敗走したが、そのつど、関中から兵員や食糧を補給した。高祖にとって、困っているときに、後方からいつも救援がくるのは、きわめて頼もしかったに違いない。高祖はしばしば使いを送って、蕭何をねぎらった。

しかしある人が蕭何に忠告した。

「戦場に身をさらしている殿が、こんなに何度も使いをよこしてねぎらうのは、あなたに疑いを抱いている証拠です。ここは、あなたの身内で、出陣できる者は全部出陣させることです。そうすれば殿はもっとあなたを信用なさるでしょう」

蕭何がいう通りにすると、はたして高祖は喜んだ。

天下を平定したのち、論功行賞が行われ、蕭何が最大の封地を受けた。戦場に一度も出ない蕭何が第一等とは、とみな不平を訴えた。

高祖「お前たちは、狩りを知っとろうがな」

一同「存じておりますが――」

高祖「猟犬は知っておるな」
一同「もちろんです」
高祖「よいか。狩りのとき、獲物を仕留めるのは犬だが、その犬の綱をといて指図するのは人であろうが。お前たちは逃げる獣を仕留めただけで、それは犬の手柄だ。蕭何はお前たちの綱をといて指図をしたわけで、つまり人間の手柄だ。またお前たちが身一つ、多くても一族二、三人でわしについてきたのに、蕭何は一族あげて数十人も戦場に送ってきた。その手柄も無視できない」
これでは一同沈黙せざるを得ない。
宮中席次でも蕭何には、剣を帯び、くつを履いたまま昇殿し、宮中では小走りしなくてもいいという特別待遇を与えた。

晩年まで身の保全に苦慮

陳豨《ちんき》が謀反を起こし、高祖みずから鎮圧に出向いたとき、韓信が呼応し、蕭何の計略によって呂太后が韓信を捕らえて処刑した話は先に述べた、高祖はそのしらせを受けると、蕭何を丞相から相国に昇進させ、領地を五千戸ふやした。また五百人の護衛兵を賜った。群臣こぞって祝賀したのに反して、召平《しょうへい》という者だけがお悔やみを述べた。

「禍が始まりますぞ。陛下は戦場に身をさらし、あなたは国内を守り、矢玉を浴びたこともない。そんなあなたの領地をふやし、護衛兵までつけたのはなぜでしょう。韓信が謀反を企てたので、あなたをも疑っておられるのです。護衛兵をつけたのは、あなたがかわいいからではありません。ここは領地を辞退し、全財産を投げ出して、軍費として献納なさるべきです」

その通りにすると、高祖は上機嫌だった。

黥布の反乱のときも、蕭何は私財をなげうった。ある食客が忠言した。

親征している高祖が何度もあなたの近況を尋ねるのは、位人臣《じんしん》をきわめ、人心を掌握しているあなたの謀反を恐れているのである。田地を安く買いたたいて支払いを渋り、悪評を立てては——。なるほどと蕭何は実行し、蕭何の不評を聞くと、高祖は喜んだ。

しかし天子直属の上林《じょうりん》の御苑を、人民たちに開放してやってくださいという発言には激怒し、蕭何を投獄した。王という侍従武官が、秦は臣下の諫言を聞かなかったために天下を失ったと申し上げると、高祖はしぶしぶ蕭何を釈放した。蕭何は参内すると、はだしになってお詫びを申し上げた。高祖はいった。

「相国、もういい。お前は人民のために願い出て、わしは許さなかった。しょせんわしは桀・紂のような暴君で、お前は名宰相じゃ。わしはわざとお前を投獄し、わしの悪いことを人民たちに知らせるつもりだったのじゃ」

高祖は自嘲的な複雑なことばを吐いた。

蕭何の晩年は、君主の猜疑《さいぎ》のなかで保身を全うするのが、いかにむつかしいかを表している。高祖の晩年の心理は異常であるが、高祖にとって、外で百万の軍勢を意のままに操る名将と、後方で人心を収攬《しゅうらん》している名宰相が、謀反を起こせばいかに恐ろしいか、それを意識するのは、むしろ当然である。一兵も持たず、頭脳だけで高祖に献身した張良が、処世も正しかったが、一番安全だったことを、司馬遷は暗にいいたかったのだろう。

6 衛青と霍去病

匈奴遠征に初勝利

匈奴《きょうど》の北方からの脅威は、秦の始皇帝時代からつづき、始皇帝は遠征軍を出して、一時長城のはるかかなたに追っ払ったが、秦の滅亡後、匈奴に冒頓単于《ぼくとつぜんう》という英傑が出るに及んで、以前にまさる脅威となった。

漢の高祖は、晩年みずから三十二万の歩兵を率いて討伐に向かった。しかし冒頓の巧みな戦術によって平城《へいじょう》（いまの大同《だいどう》付近）で包囲され、冒頓の夫人に贈り物をして包囲の一角を解いてもらい、辛くも南に帰った（「匈奴列伝」）。

三代目の文帝《ぶんてい》、四代目の景帝《けいてい》（司馬遷は恵帝と文帝の間の少帝二人を、実権者でないとして、帝系に数えていない）は懐柔策に終始したが、次の武帝《ぶてい》の壮年時代に至って、久しぶりに積極策がとられることになった。いわゆる「攻勢転移」である。

一度は失敗した。馬邑城《ばゆうじょう》に匈奴を誘い込んで殲滅《せんめつ》する計画が、匈奴側に知られて、逃げられてしまった。それから四年たち、漢には名将軍が出現した。それは武帝の衛《えい》皇后の弟衛青《えいせい》だった。

衛皇后（もとの名は衛子夫《えいしふ》）は、もと武帝の姉平陽公主《へいようこうしゅ》の屋敷の舞姫だった。武帝に見そめられて宮中に入り、男児を産んだため、皇后に冊立《さくりつ》された。衛青は氏素性もない私生児として生まれ、一時は自分を産ませた父の故郷の山西の平陽に連れて行かれ、本妻の子にいじめられながら、羊飼いの少年として育った。したがって馬に乗るのが得意だった。

衛子夫が皇后となって、衛青にも運命が開けた。車騎《しゃき》将軍に取り立てられ、前一二九年（元光六）、はじめて騎兵一万を率いて居庸関《きょようかん》から打って出、匈奴の本拠竜城《りゅうじょう》に達し、数百人を斬って帰った。漢の軍隊が長城外へ打って出たのも初めてなら、勝利も初めてだった。衛青は計七度、匈奴を討ち、終わりのほうはパッとしなかったものの、第三、四次の戦功はめざましく、大将軍となり、息子や部将たちも恩典に浴した。

これまでの漢軍は、匈奴の騎兵に対して歩兵で立ち向かって苦戦した。匈奴の近辺で少年時代を送り、乗馬に習熟していた衛青は、騎兵集団を編成し、独得の新戦術で匈奴に立ち向かって成功した。また皇帝の義弟の出陣なので、もっとも精鋭が配属され、武器、馬具なども最高のものを選ぶことができたであろう。衛青の活躍で北方の匈奴はほとんど追っ払われ、漢は内モンゴルのオルドス一帯を勢力範囲とした。

ともに大司馬となる

衛青は位人臣をきわめたものの、年をとるにしたがって、精彩を欠いてきた。代わりに台頭したのが、衛青の甥に当たる霍去病《かくきょへい》だった。少年時代から宮中に出仕して、武帝にかわいがられた。

衛皇后と衛青を産んだ衛媼《えいおう》はほかにも私生児を何人か産み、そのなかの一人の娘が、霍某の妾となって産まれたのが霍去病である。衛青に似て弓と馬の達人だったが、質実、重厚だった衛青と違って、才気に富み、敏捷《びんしょう》だった。

前一二三年（元朔六）、衛青の第五、六次の出陣に十八歳で同行し、衛青にまさる戦果をあげて冠軍侯《かんぐんこう》に列せられ、三年後には驃騎《ひょうき》将軍に任ぜられた。

主に衛青によって漢の北方を追われた匈奴は、敦煌《とんこう》を中心とする西北方に集結していた。霍去病はこれを討った。彼の戦法は、みずから選りすぐった精鋭を率いて、相手の主力に突撃する果敢なもので、突撃のたびに大戦果をあげた。

匈奴の単于は激怒し、責任者の渾邪王《こんやおう》を誅罰《ちゅうばつ》しようとしたので、王は漢に降った。霍去病は王の陣に出向いて会見し、降伏に不服で逃亡しようとする者八千を斬り伏せ、王を武帝のもとに送った。前一二一年（元狩二）のことで、これは漢始まって以来の盛事だった。霍去病が重い恩賞にあずかったのはいうまでもないが、匈奴の王たちもみな大名に封じられ、武帝が「万国の王」である威を示した。

前一一九年（元狩四）にはもっとも大規模な作戦が展開された。衛青、霍去病はともに総司令官に任ぜられた。単于の軍と出会ったのは衛青のほうだったが、砂嵐のなかを単于に逃げられてしまった。このときは霍去病のほうが捕虜の数が断然多いので、恩賞にあずかり、衛青には沙汰がなかった。

新しく「大司馬《だいしば》」という官が設けられ、衛青、霍去病とも同時に任命された。大司馬は軍事の最高職。三公《さんこう》より上だから元帥《げんすい》に当たる。

衛青と霍去病は叔父甥の関係で、ともに対匈奴戦の殊勲者だが、性格は正反対だった。衛青が地味で士くさく、部下をよくいたわったのに対して、霍去病は明るく奔放で、部下が食糧不足で空腹のときも、平気でスポーツに興じているようなところがあった。これは衛青が不遇な少年時代を送ったのに対して、霍去病が十代から天子の一族として、とくに武帝にかわいがられたことにもよるのであろう。世間の人気も奔放な霍去病のほうが高かった。しかし霍去病は、前一一七年（元狩六）、わずか二十四歳で世を去る。流星のような生涯だった。衛青もそうであるが、この二人は対匈奴戦の戦果を輝かすために、武帝の側近に配されたようなものだった。

「衛将軍・驃騎列伝」で司馬遷はいう。二人とも高貴な位にありながら、すぐれた人物を選んで育成する点ではまるで無関心だったと。二人は低い身分の生まれだったが、ひょんなことから天子の側近に成り上がった。そして対匈奴戦の戦功で、元帥にまでなった。いわば二重の成り上がりで、一族はみな貴族となったが、二十余年の間にすべて爵位を剝奪されている。

以上、ほぼ時代順に、君主のもとでその才幹を発揮した臣下のありようを見てきた。

周公旦は功臣として第一等であろう。太公望には謀臣の色が濃い。漢の三傑のなかでは、功臣第一等の韓信の末路が悲惨だった。蕭何は功臣として保身に苦労して生き残った。張良は私心なく、哲学的な処世で身を全うした。

衛青には功臣の、霍去病には寵臣の色彩が濃い。

第5章　春秋戦国の立役者

1　管仲と晏嬰

管仲——春秋時代の大宰相

「食糧の倉庫がいっぱいになってこそ、民は礼節を知る。衣食が十分であってこそ、民は誇りと恥とをわきまえる」——倉廩《そうりん》実《み》ちて礼節を知り、衣食足りて栄辱を知る——現代中国のめざましい経済発展は、この二千六百余年前の管仲《かんちゅう》のことばの実現をめざしているように見える。二千六百余年前の思想が、現代人の血となり肉となり、力を与えるのである。

管仲は春秋時代の大国・斉《せい》の大宰相《だいさいしょう》だった。しかし大宰相に上り詰めるには、かなりの波乱があった。

斉は周の建国の謀臣、太公望が封じられた大国だった。しかしその子孫の襄公《じょうこう》はひどい暴君だった。そのため弟の糾《きゅう》は魯に逃れ、次の弟小白《しょうはく》は莒《きょ》に逃れた。糾の世話役は管仲と召忽《しょうこつ》、小白の世話役は鮑叔《ほうしゅく》だった。

斉では襄公が狩りに出かけて奇禍に遭って没したのち、公孫無知《こうそんむち》が位に即いていた。雍《よう》林《りん》の人に無知が殺されてから、魯は公子糾を斉に送り出す一方、管仲に一隊を率いさせ、莒から帰る小白を待ち伏せさせた。

　管仲の射た矢は小白に当たったが、帯の金具に命中した。小白はとっさに死んだふりをした。管仲は小白を仕留めたと報告、糾の一行はのんびりと魯を発って斉に入ったが、すでに小白は即位していて、糾たちを追っ払った。小白がのちに桓公《かんこう》と呼ばれる。

臨淄にある管仲の墓

　桓公は糾は兄弟だからみずから殺すにしのびないと、魯に処分させた。召忽と管仲は塩辛にしてやるから、身柄を引き渡せと魯に要求した。召忽は自殺したが、管仲は送還された。
　実は管仲と鮑叔は親友だった。鮑叔は桓公に説いた。
「もし殿が斉一国のみを治められるのならば、わたくしどもだけで十分でしょう。しかし天下に覇を唱えるお望みなら、管仲以外に人物はいません。管仲を用いる国は、かならず天下に大を成します」（「斉太公世家」）
　なんだか韓信について蕭何が漢王にいったことばと似ている。時代順ではこちらが先である。桓公は承知した。管仲を大夫《たいふ》として厚く用いた。「管鮑《かんぽう》の交り」という成句は、この故事に由来する。

斉は海辺の国だから、治めるのがむつかしい。管仲はもっぱら経済発展に力を注ぎ、財貨を蓄積して、富国強兵の実をあげた。「倉廩実ちて」の発言はそのモットーであり、またモットーを実行した実績を述べたものであろう（「管・晏列伝」）。

桓公は北の山戎《さんじゅう》を討ったが、管仲はその機会に燕《えん》の国の政治的地位を高めてやった。また桓公が魯から侵略した土地を、会議の席上、魯の曹沫《そうかい》に返還を強要され、いったん承諾したものの、反古《ほご》にしようと考えた。しかし管仲は、

「一時の気晴らしで、信頼を裏切ってはいけません」

と諫め、桓公は結局土地を返還した。

桓公は欠点の多い主君だったが、管仲はよく補佐して斉に対する諸侯の信望を高めた。桓公の三十五年（前六五一）、桓公は葵丘《ききゅう》で諸侯と会盟し、衰えた周王朝に代わって諸侯のリーダー役である覇者になった。桓公は春秋時代の覇者第一号である。

しかし桓公は勢いにまかせて驕慢《きょうまん》になり、泰山《たいざん》と梁父《りょうほ》で封禅《ほうぜん》の儀式を行いたいといいだす始末。管仲は懸命に説得して、やっと思いとどまらせた。

管仲が前六四五年に没すると、五人の公子がいっせいに跡目争いを始め、前六四三年に桓公が亡くなると武力抗争に発展し、桓公の遺体は寝所に六十七日間も放置された。遺体

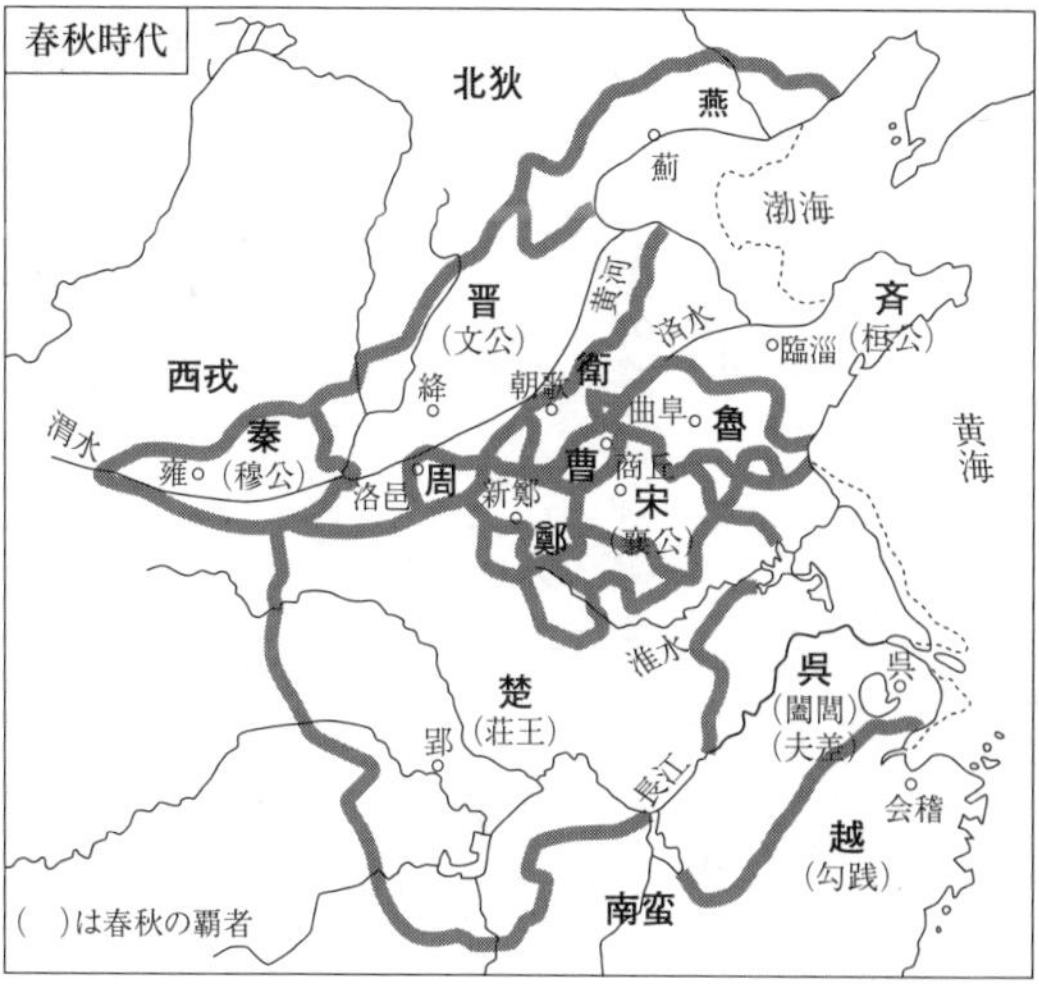

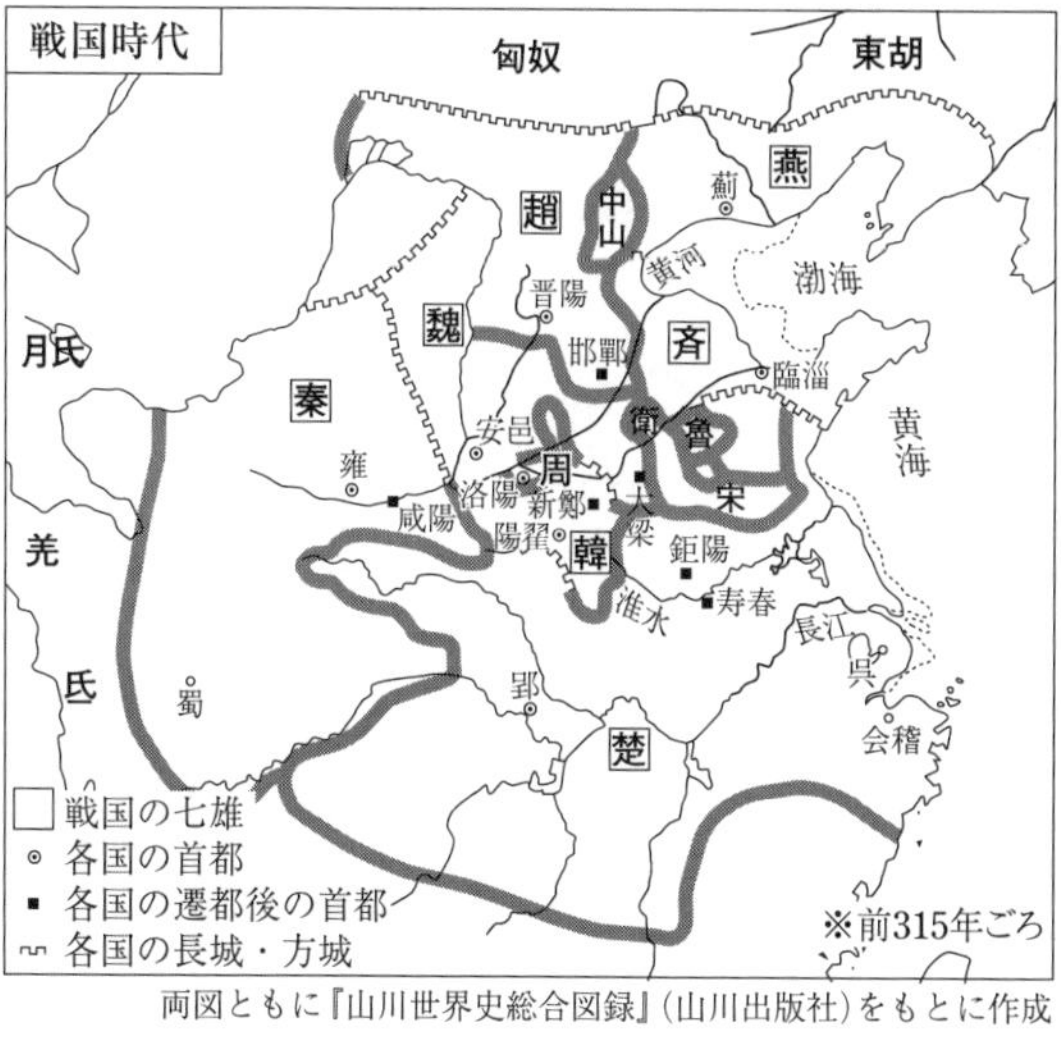

両図ともに『山川世界史総合図録』(山川出版社)をもとに作成

にわいたウジが部屋の外まで這い出すむごたらしさだった（「斉太公世家」）。

孔子は管仲から約百年後に魯に育った。だから管仲の事績には通じていた。『論語』の「八佾篇《はちいつ》」に「管仲の器は小なるかな」という批判を遺している。主君と同じように贅沢をしたのを批判したわけである。しかし「憲問篇《けんもん》」では、世話をしていた公子糾に殉じないで、桓公に仕えたことを批判した弟子に向かって、

「もし管仲がいなかったら、異民族の侵入を受け、髪はざんばら、衣服も左前を強制されていたことだろう。小さなまことを尽くす生き方と比較できようか」

と答えているところを見ると、管仲を大いに認めていたようでもある。

晏嬰——君主の遺体に哀哭をささぐ

晏嬰《あんえい》（晏子《あんし》）は管仲から約百年後、孔子とほぼ同じ時期の斉の宰相である。霊公《れいこう》・荘《そう》公《こう》・景公《けいこう》の三代に仕えた。斉の国は桓公のころより乱れていた。晏嬰は宰相となってから、食事に二種以上の肉を用いさせず、側室には絹物を着せなかった。主君の下問に答えるには、ことばにきびしく気を配った。

晏嬰が関係した、斉のお家騒動のことは「管・晏列伝」には書かれていない。それは「斉太公世家」に記載されている。桓公の玄孫である荘公の時代に起こった。

当時、政権は同族の崔杼《さいちょ》がにぎっていた。崔杼は家来の妹の夫の弔問に行き、夫を亡くしたばかりのその女に惚《ほ》れ込み、強引に結婚した。

ところがこの女を荘公が見そめて、ねんごろになり、しばしば崔家を訪れた。崔杼は荘公に、晋との戦争の戦況不利の責任を取らせて殺してしまおうと考えた。機は熟した。崔杼夫人を訪れた荘公を兵士たちが襲った。荘公は逃げようとして殺された。

事件を聞くと、晏嬰は崔杼の家にかけつけた。従者の問いに答えて晏嬰はいう。

「殿が国家のために死なれたのなら、わたしも死のう。国家のために亡命されたのなら、わたしも亡命しよう。もし個人的なことのために死んだり亡命されたりしたのなら、特別に寵愛《ちょうあい》された臣下でなければ、だれがそんな災難を引き受けようか」

門が開くと、晏嬰は入り、荘公の遺体を膝に枕させ、哀哭《あいこく》の礼をささげて退出した。

「あいつも殺しなさい」

と進言するものがいたが、崔杼は、

「いや、あいつには人望がある」

といって、手をくださなかった。

前五三九年、晏嬰は景公の使者として晋に赴き、晋の大夫叔向《しゅくきょう》と語り合ったとき、

「斉の国の政権は、ゆくゆく田氏のものになるでしょう」

といった。すると叔向も、

「晋の国の政権も、いずれは六卿のものとなりましょう」

と答えた（「斉太公世家」「晋世家」）。

晏嬰はどうにもならない時代に、敢然と向き合って、しなければならぬことをし、いうべきことをいっていたのだ。


「管・晏列伝」では、二人の政治向きの活動はあまり記していない。それはもっぱら「斉太公世家」にある。列伝の「太史公曰く」では管仲の著作は世間に流布《るふ》しているから、それは扱わず、それに洩れたエピソードだけを述べたと記す。

晏嬰の、危険をかえりみず、荘公の遺体に哀哭をささげ、君主の死を悼む礼を尽くして立ち去ったのには、甚《いた》く感動をおぼえたらしく、

「もしも晏子がいまも健在なら、わたくしはかれのために馬丁となって仕えてもいい。それほど慕わしく思うのだ」

と特筆している。司馬遷の時代と比べてなにか感動を呼ぶ原因があったのだろう。

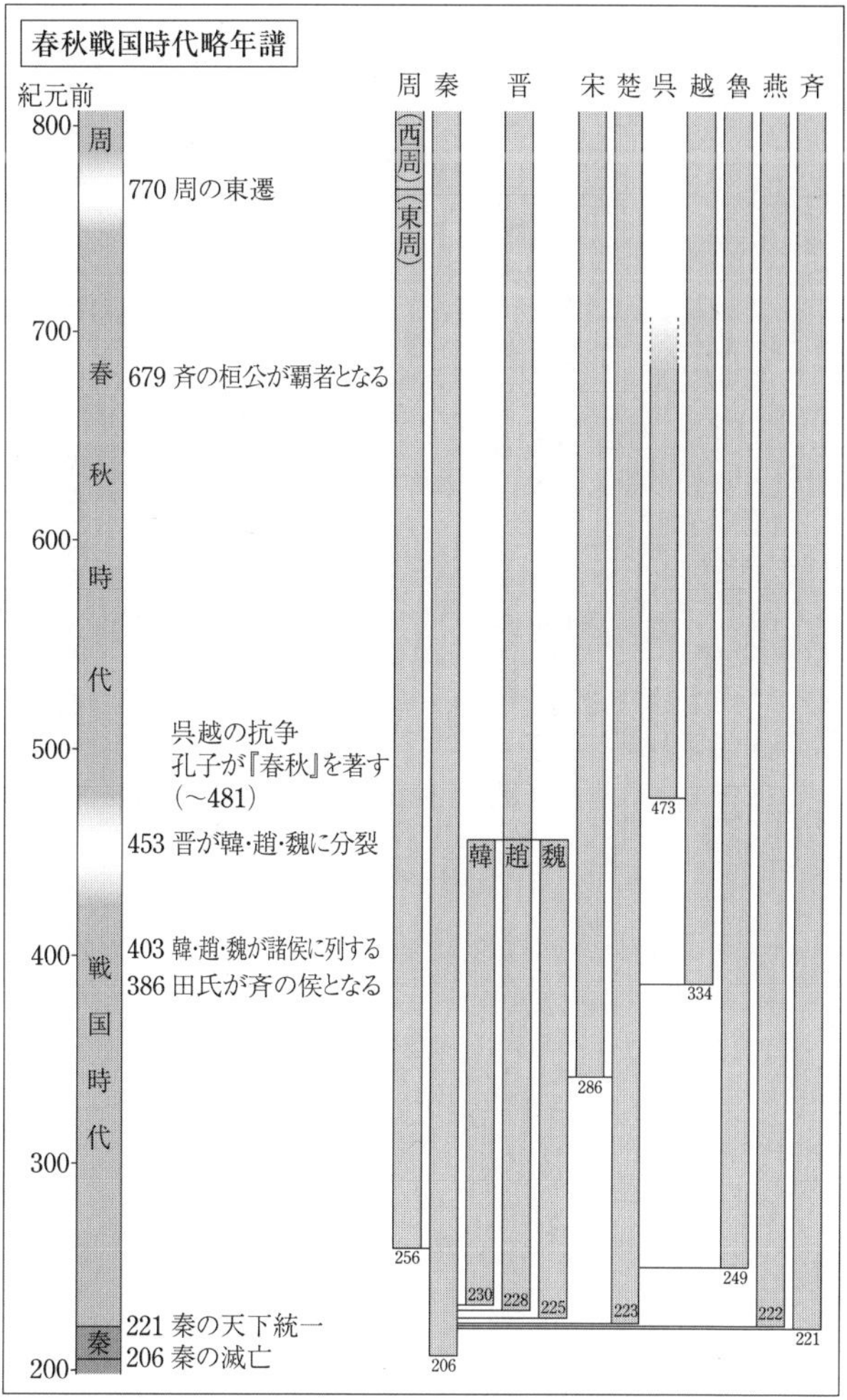
春秋戦国時代略年譜
紀元前
800
700
600
500
400
300
200
周
春
秋
時
代
戦
国
時
代
秦
770 周の東遷
679 斉の桓公が覇者となる
呉越の抗争
孔子が『春秋』を著す
(~481)
453 晋が韓・趙・魏に分裂
403 韓・趙・魏が諸侯に列する
386 田氏が斉の侯となる
221 秦の天下統一
206 秦の滅亡
周 秦 晋 宋 楚 呉 越 魯 燕 斉
(西周)
(東周)
韓 趙 魏
473
334
286
256
249
230
228
225
223
222
221
206

2　夫差と勾践、そして伍子胥・范蠡

「鼎の軽重を問う」

日本で古来、『史記』を読む人は、楚漢の争覇と、呉越の興亡に魅惑された。軍記物語でも、『平家物語』をはじめとして、多くがこの二つにかかわる故事を引用している。とりわけ呉越興亡は「臥薪嘗胆《がしんしょうたん》」の故事によって、日本人には忘れられない一個の物語として記憶されている。

登場する人物も多彩である。呉王夫差《ふさ》と越王勾践《こうせん》をはじめ、楚から来た英傑伍子胥《ごししょ》、兵法の孫子《そんし》、越の名臣范蠡《はんれい》と大夫種《たいふしょう》、この人々の活躍は、まことに血わき肉おどる。司馬遷の名筆によって、しばらく眺めよう。

春秋時代の中期まで、呉越の地は中華の辺境だった。『史記』世家の第一は「呉太伯《ごたいはく》世家」で、呉の先祖は周の古公亶父《ここうたんぽ》の子、太伯《たいはく》と仲雍《ちゅうよう》だとしている。二人は父が二人の弟季歴《きれき》に家を継がせ、やがては季歴の子の昌《しょう》（のちの文王）に伝えたいと思っているのを知り、遠く荊蛮《けいばん》の地に落ちのびて、いれずみをし、髪を短く刈って、中華の地と縁を切った

のだという。

このはなしは、どこか伯夷《はくい》・叔斉《しゆくせい》と似ている。伯夷・叔斉は孤竹国《こちく》を逃れて周に来たが、太伯・仲雍は周を逃れて、荊蛮の呉に行った。伝説としては面白いが、史実ではあるまい。呉が春秋の末に興ってから、先祖をこのように書いた文書を、司馬遷が見たのだと思われる。

呉は西に大国楚をひかえ、南は新興の越と接していた。呉越の抗争の前奏は、呉楚のたたかいで、その焦点は、伍子胥という人物だった。

伍員《ごうん》、字《あざな》は子胥《ししよ》、伍子胥といったほうが通りがいい。先祖の伍挙《ごきよ》は楚の荘王《そうおう》に仕えた。

「楚世家」によれば、荘王は即位してから三年間、なにもしないで遊び呆けている。伍挙がいった。

「丘の上に鳥がいます。三年の間、飛びも鳴きもしません。なんという鳥ですか」

荘王は意を覚った。

「三年飛ばないでも、飛べば天高く昇る。三年鳴かないでも、鳴けば人を驚かすだろう。お前のいいたいことはわかった」

荘王はその後、逸楽をぴたりとやめ、政務に取り組んだ。

まず人事を刷新、伍挙は政治にあずかった。周辺諸国を討ち、周の都の郊外で、派手な示威を行い、周王を驚かせた。このとき周室の象徴である鼎《かなえ》の重さを質問し「鼎の軽重を問う」という故事を遺している。

越王勾践の奇策

伍挙の子孫である伍子胥の家は名家として、楚の人々の尊敬を受けてきた。荘王の五代後の平王《へいおう》は暗君だった。伍子胥の父伍奢《ごしゃ》が侍従長として仕えていた（「伍子胥列伝」）。

平王は太子建《けん》のために秦から嫁を迎えたが、非常な美人だったため、自分が横取りして、忠言した伍奢を監禁した。太子建は宋に逃れた。美人を王に斡旋《あっせん》した費無忌《ひむき》が平王にいった。

「伍奢には息子が二人いて、どちらも傑物です。いまのうちに片づけておかないと」

王は息子たちに出頭を命じた。出頭すれば父を釈放するという。

兄は命に応じようとしたが、弟の伍子胥は反対した。われわれをも殺そうという魂胆が見え見えだという。兄は出頭し、伍子胥は追っ手を退散させて、宋にいた太子建ともども諸国を歩き、鄭《てい》で太子建が殺されてから、呉に逃げこんだ。

呉では呉王僚《りょう》に対して、従兄の太子光《こう》がクーデターの機を窺《うかが》っていた。長男の家系の自分が王位を継ぐべきだと考えたのだ。呉王僚が対楚攻撃に失敗したとき、機は訪れた。

太子光は僚を自邸に招き、宴会の最中、伍子胥が推挙した勇者専諸《せんしょ》が僚を刺殺した。太子光は即位し、闔廬《こうりょ》と名乗った。伍子胥は国政の相談相手となった。

伍子胥とともに対楚攻撃策を練ったのは、兵法家の孫武《そんぶ》だった。唐・蔡《さい》両国と協力して総攻撃を行い、楚の首都郢《えい》を落とし、伍子胥は平王の墓を暴き、屍《しかばね》を引きずり出して、三百回鞭打った。

「呉太伯世家」は記す。闔廬は翌年春まで郢に留まっていた。留守をついて越が呉に侵入した。越は王允常《いんじょう》の時代からたえず呉と争っていた。ちょうどこのころ秦が楚に援軍を送り、呉を破った。呉でも弟が呉王を称したので、闔廬は兵を返して弟を追い、国内を整備した。

前四九六年、闔廬の十九年、呉は越を攻撃した。允常の子の越王勾践は、奇抜な策を用いた。死刑囚を三列横隊に並べ、次々に呉軍の前で首をはねさせたのだ。呉軍が呆気にとられているうちに、越軍が背後にまわって包囲し、さんざんに破った。闔廬はこのとき指に受けた傷がもとで死んだ。臨終で、太子夫差にいった。

「勾践がお前の父を殺したのを忘れるな」

このとき夫差は、三年のうちに仇討ちをしますと誓った。前四九四年、夫差は精兵を率いて越を討った。このときは越王勾践が范蠡の意見を聞かず、先制攻撃をかけようとしてかえって総反攻をくらって大敗した（「越王勾践世家」）。勾践は会稽山《かいけいざん》にひきこもった。

范蠡の名がここに初めて出てくる。「貨殖列伝」では、勾践が会稽山にこもって窮迫したとき、初めて范蠡と計然《けいぜん》を任用したとある。司馬遷は范蠡という、韓信と張良とを合わせたような大人物に固有の伝を立てていない。その意ははかりかねるが、范蠡の出身も勾践との出会いの時期もさっぱりわからない。

「臥薪嘗胆」

話はかなり飛ぶが、かつて楚の荘王が陳の大夫の妻だった夏姫《かき》を連れ帰って側室にしようとして、臣下の巫臣《ふしん》の反対で取りやめになったことがある。夏姫は陳の霊公をはじめ数々の男を手玉にとったしたたかな女で、最後は巫臣と手に手をとって晋に逃れた。楚では巫臣の一族が皆殺しにされた。巫臣は激昂し、晋の景公に新興の呉と結ぶ策を説き、みずから呉に赴いて、呉と晋が協力して楚を討つ盟約を結び、以後、楚は奔命に疲れ始めた（「晋世家」）。

伍子胥の呉への亡命がこれにつづき、ついに楚は呉軍によって、国都を一時占領されることになった。夏姫をめぐる争いが国際動乱にまで発展したわけである。

一方の越は一時、楚の属国となっていた。楚は強大となりつつある呉を牽制するために、有能な智謀家范蠡を派遣して呉を攻撃させた、という見方がある。先進国の楚とか晋とか斉とかは、お家騒動にかまけている時代だったため、越に人材を派遣したり、武器を供与したりして、呉を牽制したのではないか。范蠡は越の勝利後、さっさと勾践のもとを去って、まったく未練がない。「派遣社員」だったと見れば、納得がゆく。呉越の争いは楚からの亡命者伍子胥と、楚の派遣社員范蠡とのたたかいだったという見方は、あまりに奇抜すぎるだろうか。

会稽にこもった勾践を殺してしまえと力説したのは伍子胥だった。彼は苦難に耐え忍ぶ勾践の強靭な意志をよく察知していた。だが夫差は、越からたんまり賄賂《わいろ》をもらった太宰《たいさい》伯嚭《はくひ》の意見に従って、勾践と和睦し撤兵した。伍子胥はなおも諫言する。

「勾践は死なないかぎり、かならず呉の禍となります。皮膚病でなく、腹の中の病みたいなものです」

夫差はうるさがった。孫武はもう亡くなっている。諫言するのは伍子胥だけである。夫差は越を根こそぎやっつけるより、北方の斉や魯を討ち、覇者の地位に登りたいのだった。

伍子胥が煙たかった夫差は、伯嚭の讒言《ざんげん》をよいことに、ついに自殺を強要する。遺言が面憎かったといって、「鴟夷《しい》」と呼ばれる皮袋に遺体を詰め込んで、長江に放り込んでしまう。

伍子胥が殺され、夫差が呉をカラにして北上したとき、范蠡は初めて総攻撃の断を下した。越王勾践が毎日苦い胆《きも》を嘗《な》めて報復を誓った「嘗胆《しょうたん》」の故事が「越王勾践世家」に載っている。勾践には長年の苦難に耐える粘りがあり、范蠡はその雌伏の時期に軍備を充実させ、兵卒を調練して天の時を待った。范蠡の兵法には、どこか太公望ひいては道家の学説に通じるものがある。

夫差が北方で覇者気取りでいた留守の呉を、越は襲った。いったんは和睦したが、四年後、再び攻撃を加え、夫差は呉都を棄てて姑蘇山《こそざん》に逃げ込み和を請うた。許そうとする勾践に范蠡はいった。

「天が呉を越に与えようとするのを受け取らないのは、天意に逆らうことです」

夫差は死に臨んで、

「伍子胥に合わせる顔がない」

といって顔を布で覆った（「越王勾践世家」）。

「伍子胥列伝」の「太史公曰く」はいう。

「怨みの毒素はなんともすさまじい。王者すら臣下に怨みを買ってはならない。同列の場合ならなおさらである。もしも伍子胥が父といっしょに死んでいたら、虫けら同然で終わっていただろう。小さな義理を捨てて大きな恥をすすいだから、後世まで名を遺した。悲しいことだ。長江の岸辺で窮迫し、道中で乞食をしても、かたときも楚都郢《えい》を忘れたことがなかった。だから隠忍して功業を成し遂げたのだ。だれがここまでやれるか」

伍子胥の執念の激しさに、司馬遷は熱い好意を寄せている。ひそかに自分の修史への執念を吐露しているようにも見える。

范蠡、第二の人生

呉越興亡の立役者、范蠡には「第二の人生」があった。功成ってのち、なんの未練もなく、一家を連れて斉に移住した。成功の絶頂ですばやく転身し、明哲保身を貫く至難なことを范蠡はやった。范蠡から「すばしこい兎が退治されると、いい猟犬は煮殺される」（狡兎《こうと》死して良狗《りょうく》煮らる）のたとえに始まる手紙を受け取った大夫種《しょう》にはこれが出来ず、自殺に追い込まれた。

范蠡は海路、斉に移ったのち、名を「鴟夷子皮《しいしひ》」と改めた。伍子胥の遺体を包んだ皮袋にちなんでのことである。范蠡は多分に伍子胥を心に留めていた。范蠡が「鴟夷子皮」を名乗ったことには、楚から呉への亡命者である伍子胥と、楚から越への派遣社員（らしい）范蠡との深い関係がありそうである。

海辺で息子たちとともに汗水流して耕作に励み、財産を築いた。斉ではその名が聞こえ、宰相になってほしいといってきた。范蠡は深いため息をついた。

「家にいては千金の財を成し、仕えては宰相となる。これ以上の栄達はない。だが栄達が長くつづくのは禍のもとだ」

そこで財産をことごとく友人や知人に分け与え、重宝だけたずさえて陶《とう》に移住した。陶は物資流通の要路だった。ここでは名を陶朱公《とうしゅこう》と変え、農耕のかたわら、物価の変動をにらみ、物資を動かして、「貨殖列伝」によれば、十九年のあいだに三度も千金を得た。しかしそのうち二度は、貧しい人々や遠い親戚に与えた。ふつうは一割の利をかせぐだけの手堅いやり方を守り、それが成功したという。

しかしその范蠡も、次男が楚で殺人を犯し、捕らえられたのを救いそこねた。かつての友人、楚の荘生《そうせい》に大金を贈って運動してもらうことにし、三男をやろうとしたが、長男が熱心に行くことを望んだので、やむを得ず長男をやった。

荘生は国の災難を除くため、楚王に大赦を願い出て許可された。実は大赦によって、范蠡の次男をも救うつもりだった。だが長男は大赦があるなら運動費は要らないと、荘生に預けた金の返却を求めた。腹にすえかねた荘生は、王に范蠡の次男の処刑執行の翌日、大赦令を出すよう願った。次男の処刑を聞いて范蠡は慨嘆した。

「長男は生活が苦しいころ育ったので、金をケチることが身についていた。三男は生まれながら富に恵まれていたので、平気で大金を使える。だからはじめ三男をやろうと思ったのだ。長男が熱心に願ったのでやったが、次男は遺骸になって帰ると思っていた」

失敗談ではあるが、范蠡の深い人間洞察をうかがわせる、「越王勾践世家」の逸話である。

3 戦国の四君

春秋時代は「五覇」（斉桓公、晋文公、楚荘王、呉王闔廬、越王勾践）の交替が、歴史を前進させるかに見える。末期の呉越の抗争は、物語としては面白いが、覇者になったはずの呉も越も、あっという間に歴史の舞台から消えてしまった。戦国七雄の対立時代、もはや呉越の名は見られない。優勝劣敗のなかで、秦の圧倒的な力が、じわじわ他の六国を圧迫してゆく。

この時代、晋はお家騒動の結果、三つの国（韓、趙、魏）に分かれ、斉は田氏が取って代わって、太公望の子孫は滅びた。秦を除いて、どの国も弱くなってゆく。代わって脚光を浴びたのは、「名門やくざ」ともいうべき公子たちである。彼らは国家間諸問題の解決請負屋である。その腕前は、彼らが平素むだ飯を食わせて養ってある食客、つまり居候《いそうろう》たちの能力にかかっている。

「名門やくざ」といったが、それは賭場と寺銭をもとでに子分を養うやくざ渡世にたとえたまでで、親分たちはれっきとした諸侯の一門で、広い領地の持ち主だった。

斉の孟嘗君

「戦国の四君《しくん》」のなかで斉の孟嘗君《もうしょうくん》のはなしは一番有名で、「鶏鳴狗盗《けいめいくとう》」の故事は、清少納言の、

「よをこめて　とりのそらねは　はかるとも　よにあふさかの　せきはゆるさじ」

の和歌が百人一首の一首になっていて、昭和戦前は知らぬものはなかった。

秦に使いした孟嘗君は、秦王に監禁された。はじめ秦王は孟嘗君を宰相にしようと思ったが、秦のために危険だという意見が強く、気が変わったのである。殺害の危険を感じた孟嘗君は、王の愛妾《あいしょう》にすがった。彼女は狐の腋《わき》の白い毛でつくった高価なコートを所望

人間コラム③

老《ろう》　子《し》

『史記』は老子の実在について、三つの説を挙げている。どれが本当と断定していないが、南方の楚の出身で、現実の世に背を向けて隠逸の世界に生きた、という点では共通している。生きた時代は孔子と同時代というのが二説、もう一説は孔子の死後百数十年ごろの人という。

楚の曲仁里《きよくじんり》出身で、姓は李《り》、名は耳《じ》、字は耼《たん》、周王室の図書館員をしていて、孔子がやって来て質問しようとしたとき、その気負った姿勢をたしなめた。周の国力が衰えたのを見て西へ去り、関（函谷関《かんこくかん》とも散関《さんかん》ともいう）まで来たとき、関令の尹《いん》喜《き》の求めに応じて書き記した2篇の本が『老子』だという。この第1説がもっとも流布しており、函谷関跡には牛に乗った老子の石像が安置されている。

近年長沙《ちようさ》の馬王堆《まおうたい》から出土した前漢時代の帛書《はくしよ》のなかに、ほぼ完全な『老子』があり、現行のものとほとんど変わっていないところから、かなり古い時代に『老子』が完成し、以後おそらく『論語』に劣らぬ読者を持ったことが推察される。

「無為自然」「小国寡民」「和光同塵」など有名な語句は多いが、人為的な礼教を否定し、生命の根本にある道に即して生きることを教える。「道」が精神なのか物質なのか定めがたいが、人間の幸福は、自給自足の農村共同体のなかにあるというイメージがきわめて生きいきしているところに永遠の魅力があるのだろう。

した。しかしそれは孟嘗君が王に献上してしまってある。このとき食客の末席から、こそ泥（狗盗）の名人が名乗り出て、王宮の蔵から盗み出してきた。

首尾よく釈放されて、一行は函谷関《かんこくかん》に着いたが、まだ夜中なので門が開かない。鶏が鳴くまでだめなのだ。後ろから王が差し向けた追っ手が迫る。王の気が変わったのだ。食客のなかから、今度は鶏の鳴き真似（とりのそらね）の名人が進み出た。この男の声に、鶏がいっせいに鳴き出し、門が開いたので、孟嘗君は逃げおおせた。

およそ食客のなかで一番ばかにされていた二人が急場を救ったのである。

司馬遷は孟嘗君の領地だった薛《せつ》を訪れて、ごろつきまがいの人間が多いのに驚いた。孟嘗君が食客を集めて得意になっていたというのは、どうも本当らしいと「孟嘗君列伝」に書いている。

趙の平原君趙勝

趙の平原君趙勝《へいげんくんちょうしょう》は、王の弟だった。食客数千人を擁していた。屋敷の前に足の悪い男が住んでいて、水を汲みに行く姿がおかしいと、平原君の側室が笑った。男は恥辱を受けたからと、側室の首を要求したが、平原君は取り合わなかった。すると一年あまりの間に、食客がほとんど姿を消してしまった。その理由を人から聞いた平原君は側室の首を斬って、男に詫びを入れた。食客はまた次第に増えた。

秦軍が趙に侵入し、国都邯鄲《かんたん》は包囲された。王は平原君に楚の来援を乞う使者を命じた。平原君は食客二十人を連れて行くことにし、十九人まで選んだが、あと一人がどうしても思いつかない。すると毛遂《もうすい》という男が名乗り出た。平原君はいう。

「有能な人材は袋の中の錐《きり》のようなもの。自然に切っ先をあらわす。君は身を寄せて三年になるというが、ついぞ名を聞いたことがない。だめだな」

毛遂「その袋にこれから入れていただきたい。前から入っておれば、切っ先どころか錐ごと外に出ていたでしょう」

楚王の前での毛遂の弁舌はめざましかった。気を呑まれた楚王は、いけにえの血をすりあって同盟を誓った。帰国して平原君は述懐した。

「これまで千人もの人物を評価して、人を見る目に誤りがないと思っていたが、毛遂の件で、不明を思い知らされた。もう人物の評価はやめだ」

司馬遷は平原君の伝記に虞卿《ぐけい》の伝記を付け加え「平原君・虞卿列伝」としている。虞卿は弁舌をもって、趙の上卿となった。趙と秦の和議などで働いたが、結局魏へ亡命した。ここでもうまくゆかず、心がはれぬまま著述に励み、後世『虞氏春秋』と呼ばれる著作を遺した。司馬遷は、

「虞卿は困窮憂愁におちいらなければ、書物によって自分の心を後世に伝えることはなかったであろう」
と評している。司馬遷もまた困窮憂愁の境遇に落ちて『史記』を著したのである。なぜ虞卿のことを付け加えたか、わかる気がする。

魏の信陵君無忌

四君のなかで、いちばん大物に見えるのは、魏の信陵君《しんりょうくん》無忌《むき》である。まず情報量の豊かさと確かさで、異母兄の王を驚かせ、また警戒させた。

秦の昭王は長平の戦いで趙軍四十万を撃滅したのち、趙都邯鄲を包囲した。趙は魏に救いを求めた。趙の平原君の夫人は魏の信陵君の姉、二人は義兄弟に当たる。魏王は将軍晋《しん》鄙《ぴ》に十万の軍を率いて救援に行かせたが、秦の牽制を受けて、国境に留まったまま動こうとしなかった。

信陵君は悩んだ。趙を見殺しにできない。このうえは義勇軍を組織して進軍し、趙と運命をともにしようと決心した。出発に際して、都の東門の老門番侯生《こうせい》に別れを告げた。門番ながら信陵君が優遇した人物である。

侯生はひどくそっけなかった。なぜなのか。引き返してもう一度行ってみた。侯生はにっこり笑った。

「きっと引き返して来られると思った」

侯生は大事を口にした。

「義勇軍で秦軍に突入するのは、餓えた虎に肉を投げ与えるようなもの。王と晋鄙が分け持っている割り符を王のもとから盗み出すのです。王の寵妾《ちょうしょう》如姫《じょき》は、あなたに父の仇を討ってもらった大恩があります。如姫なら盗み出せるでしょう。割り符を晋鄙に見せて軍を奪うのです。もし承知しない場合のために、私の友人の朱亥《しゅがい》を連れてゆきなさい。怪力の持ち主です。晋鄙を打ち殺すのです」

はたして割り符を見せても、晋鄙は承知しなかった。すかさず朱亥が晋鄙を殴り殺した。兵権を奪った信陵君は、決死の軍八万を組織し、その意気込みで秦軍を撤退させた。

魏王はこの一件に激怒し、そのため信陵君は食客とともに趙に十年も留まった。

秦は信陵君の不在につけこみ、魏を強攻した。信陵君は食客に、

「あなたが名声を得ているのは母国あればこそ」

と説得されて帰国し、楚・趙・韓・燕との同盟軍を率いて、秦軍を函谷関《かんこくかん》の向こうに追い返した。

秦は魏王と信陵君の離間策を講じた。信陵君が王になりたがっているとデマを流し、王

はついに信陵君を将軍職から解任した。以来、信陵君は食客を相手に酒びたりとなり、享楽にうつつを抜かした結果、四年後に亡くなった。信陵君が死ぬや、秦は次々と魏を蚕《さん》食《しょく》し、やがて滅ぼす。かねてから信陵君の賢明さを聞き及んでいた漢の高祖は、魏の都を通過するたびに信陵君の祭りを行ったことを、「魏公子列伝」は書きそえてある。

楚の春申君

楚の春申君《しゅんしんくん》は、孟嘗君、平原君、信陵君と同時代の人である。太子完《かん》とともに人質として秦に赴き、楚の頃襄王《けいじょうおう》重態のしらせを聞くと、秦をあざむいて太子完を脱出させ、自分は死ぬつもりだった。秦はその忠誠に感じ、春申君の帰国を許した。太子が即位すると、春申君は宰相に任命された。

楚王には子がなかった。春申君はいろんな女をお側にすすめたが、どうしても子が生まれない。趙の李園《りえん》という男の妹が美人だった。李園はまず春申君に妹をすすめ、やがて女は妊娠した。李園は王に女をすすめ、出産すれば、あなたの子が王になると、春申君にすすめた。やがて女は王に寵愛され、男児を出産すると、太子とした。

二十五年たって王が死ぬと、李園は実権をにぎった。門内に刺客を配置して、春申君を暗殺し、その一族を皆殺しにした。太子は即位して幽王となったが、楚は十五年して滅びた。

この話は秦の人質公子子楚《しそ》と呂不韋《りょふい》ならびにその世嗣の話によく似ている。時期もはなはだ近い。「春申君列伝」はそのことには触れず、難局に当たって英知を輝かせた春申君が、李園に翻弄《ほんろう》されたのは老いぼれていたのだ、という。

4 孫武と孫臏

孫武――美女百八十人の調練

浙江《せっこう》省富陽《ふよう》市の郊外の竜門古鎮《りゅうもんこちん》は、「孫権《そんけん》故里」といわれ、三国時代、呉の皇帝だった孫権の子孫が、六千余人生活している。中心部の大祠堂《しどう》を訪れて系譜を見ると、先祖が孫《そん》武《ぶ》、孫臏《そんぴん》であることが明記されている。さらに中国革命の父孫文《そんぶん》も、彼らの子孫であることがわかり、二千五百余年の歴史の積み重ねに驚かされる。

「孫子の兵法」で知られる孫武は、斉の生まれである。その兵法に関する著書はわりに早

くから読まれた。「孫子・呉起列伝」によれば、呉王闔廬《こうりょ》も読者の一人だったらしい。孫武を召し出して、

「君の兵法書十三篇は全部読んだ。実地の調練を見せてくれぬか」

ためしに宮中の美女百八十人を二組に分けて整列させ、王の寵姫《ちょうき》二人をそれぞれの隊長にした。全員に矛《ほこ》を持たせ、

「前といったら胸を見よ、左といったら左手、右といったら右手、後ろといったら後ろを向け」

こう伝えると刑罰に使うまさかりなどを並べた。再三説明を繰り返し、太鼓の合図で、

「右！」

というと、女たちはどっと笑った。孫武は改めて同じ説明をくどいほど繰り返し、また太鼓を鳴らして、

「左！」

というとまたげらげら笑うばかりである。孫武はいった。

「さきほどはわたしの落ち度だったが、今度は違う。命令が明らかなのに命令に従わぬのは、隊長の責任である」

まさかりで隊長二人の首を斬ろうとした。テラスで見物していた王は飛び上がった。伝

令を飛ばして、

「孫武の腕前はわかった。最愛の女を斬らないでくれ」

と伝えたが、孫武は、

「もはや命を受けて大将となったからは、君命もお受けできないことがあります」

ついに二人の首を打って披露し、次位の二人を隊長にした。今度は太鼓の命令通り、すべて整然と行われ、だれ一人声を立てない。孫武は報告させた。

「調練は完了しました。王が命令を下されましたら、このものたちは、水や火の中にでも飛び込むでしょう」

「わかった、わかった。さがって休息されよ」

孫武「王は理論は好まれますが、実行は苦手のようでございますな」

ひょんなことから寵姫二人を殺されて、怒りもできず、苦り切った王の顔が目に浮かぶ。またうって変わって、整然と動く美女たちの緊張美も目に浮かぶ。司馬遷の文章のもっともすぐれた部分がここにある。

王は結局孫武を将軍に任命した。呉が強国楚を破って、楚都郢《えい》を落とし、伍子胥に仇を報じさせ、斉・晋をもおびやかすようになったのは、ひとえに孫武の力だった。

孫臏――「龐涓この樹の下に死せん」

孫武から約百年たって、斉に孫臏が出た。龐涓《ほうけん》というものは若いころからいっしょに兵法を学んだが、どうしても孫臏に及ばない。魏の将軍になっていた彼は、孫臏を魏に呼び寄せ、ぬれぎぬを着せて罪に陥れ、両足を切断させて隔離した。

たまたま斉の使者が、魏の都大梁《たいりょう》に来た。孫臏は恥を忍んで面会した。使者は才能に感服し、自分の車に乗せて密出国させ、斉に連れて帰った。将軍田忌《でんき》がその才能を認め、賓客とした。

田忌は公子たちと馬車競技の賭けをした。孫臏はどちらの馬にも上・中・下の三等があることを見抜き、田忌に、下等の馬を相手の上等に、中等の馬を下等に、上等の馬を中等に当てよと耳打ちした。田忌は二勝一敗で、大金をせしめた。田忌は孫臏を王に推薦し、孫臏は王の軍師となった。

そののち魏が趙を攻撃し、趙は斉に救いを求めた。斉王は田忌を将軍に、孫臏を軍師として出兵させた。孫臏は趙に赴くより、手薄の魏都大梁を衝く作戦を立てた。すると魏軍は趙都邯鄲の囲みを解き、急遽《きゅうきょ》帰国、斉軍はこれを途中で迎え撃ち、大勝した。

十三年後、今度は魏は趙と結んで、韓を攻めた。ふたたび田忌・孫臏のコンビで出動し、魏都大梁をめざした。魏の龐涓は、斉軍を後方から襲おうとした。孫臏はいう。

「敵の深追いを逆用しましょう。宿営地につくる竈《かまど》の数を毎日減らし、逃亡兵が多いと思わせるのです」

龐涓はまんまと策に落ち、騎兵部隊だけで急追してきた。孫臏は馬陵《ばりょう》に伏兵を置き、大樹の幹を削って「龐涓この樹の下に死せん」と大書した。暗くなってからここへ達した龐涓が、火をともして、書かれた字を読もうとすると、火を合図に四方から矢が飛び、魏軍は大混乱に陥った。龐涓は、

「とうとうあいつに名をなさせたか」

といってみずから首をはねて死んだ。

山東省銀雀山の「孫臏兵法」竹簡出土跡に建てられた博物館

兵法書『孫子』は、孫武、孫臏どちらが書いたか、長年議論の的だったが、一九七二年、山東省の銀雀《ぎんじゃく》山《ざん》漢墓から、『孫臏兵法』の竹簡が発見され、『孫子』の方は、『史記』の記述通り、孫武の著書であることがはっきりした。

5 楽毅と田単

「先ず隗より始めよ」

戦国の七国のうち、燕は北方に偏していたため、もっとも地味な存在だった。また燕王噲《かい》は南隣りの斉の謀略によって国政を混乱させた。斉は孟子《もうし》の進言によって、燕を討って楽勝し、王噲は死に、空位が二年もつづいた。

やっと太子平《へい》が後継の王となった。前三一二年で、これが昭王《しょうおう》である。よく混乱を収拾し、人材を招いて国を立て直そうと思い、郭隗《かくかい》という家来に胸の内を明かした。郭隗はいう。

「本当に賢士を招くお考えなら、まずこの隗からお始めなさい。わたくしのような者でも優遇されているとわかれば、わたくしよりすぐれた人材は、千里の道も遠いと思わずに、やってまいるでしょう」

王はそこで郭隗のために宮殿を改築し、自分の師と仰いだ。すると人材が争って燕にやって来た。楽毅《がっき》が魏から、鄒衍《すうえん》が斉から、劇辛《げきしん》が趙からといったように。昭王はまた民政に励み、人心を得ることにつとめた（「燕召公世家」）。

「楽毅列伝」によると、楽毅の先祖は、魏の文侯《ぶんこう》に仕えた名将楽羊《がくよう》である。楽毅は頭脳明敏で、兵法に通じていた。当時斉は強大で、秦と覇権を争っていた。昭王は斉を討つ方策を楽毅に問うた。

楽毅「斉は強大で、単独で攻めるのは困難です。趙・楚・魏と手を結ぶほかはありません」

これは蘇秦《そしん》の秦に対する合従《がっしょう》策と同じように、斉に対する合従を組織せよというものだった。かねて斉の横暴を憎んでいた趙・楚・韓・魏と燕の連合は成った。楽毅は燕の上将軍となり、五ヵ国連合軍を率いて斉を攻め、済水《さいすい》のほとりで斉を破った。四ヵ国の軍はここで引き揚げたが、楽毅直属の燕軍は、斉都の臨淄《りんし》に迫った。斉の湣王《びんおう》は南に走り、莒《きょ》に立てこもった。

楽毅は臨淄に攻めこみ、斉の宝物や祭器をことごとく燕に運んだ。昭王は大いに喜び、楽毅を昌国《しょうこく》に封じ、昌国君と呼んだ。楽毅は斉に駐留すること五年、斉の七十余城を落とし、斉は莒と即墨《そくぼく》を残すだけとなった。

楽毅の手紙

ちょうどそのころ、燕の昭王が亡くなり、恵王が継いだ。恵王は楽毅とうまが合わなかった。斉の田単《でんたん》はそこを衝いた。「田単列伝」によると、田単は斉の王室の遠い一族に当たる。即墨を堅守して戦う一方、燕にスパイを放って言いふらさせた。

「楽毅が斉に駐留しているのは、本当は斉の王になりたいからだ。そのためわざと即墨を落とさないでいるのだ。ほかの大将がやってきたら、即墨は落ちるだろう」

恵王はまんまとひっかかり、楽毅を騎劫《ききょう》と交代させた。楽毅は趙へ亡命した。

田単は即墨にあって、城内の牛千頭余を集め、竜の模様の赤い上衣を着せ、角に刃物をくくりつけた。脂にひたした葦の束を尻尾にくくりつけて火をつけ、城壁に数十の穴をあけ、夜、敵陣に放した。まるで竜が火を噴いて突入するように見えた。五千の兵が後ろにつづいた。城内の老いも若きも銅の器をたたき鳴らして呼応した。燕軍は度を失って敗退、大将騎劫は討ち取られた。

この勢いで、斉は七十余城をことごとく回復、恵王は楽毅を騎劫と交代させたことを後悔した。また楽毅が趙に用いられ、燕を攻めることを恐れた。そこで楽毅に手紙を送り、先王が楽毅をいかに優遇したかと恩をほのめかし、わびごとと責めことばを半々に並べた。楽毅は答えた。

「わたくしは先王のご明察を傷つけず、また王様の正義をもそこなわぬため、趙に逃れた次第です。わたくしは、賢君は臣下を遇するのに私情をはさまず、実績によって功を評価し、能力に応じて官職を与えると聞いています。先王は、わたくしが諸侯と連合して斉に当たる方策を採用され、幸いに成功し、おほめのことばと領地もいただきました。

また賢主は成し遂げた功業を台無しにしてしまうことはないと聞いています。呉王闔廬は伍子胥の進言を受け入れたため、楚都を攻略できましたが、後継の夫差は伍子胥を用いず、自殺させて屍《しかばね》を長江に投げ捨てて後悔しませんでした。いまわたくしは讒言《ざんげん》に遭い、先王の名をおとしめることをもっとも恐れています。それだけでございます」

恵王は手紙を見て安心し、楽毅の子、楽間《がくかん》に昌国君を継がせた。楽毅は趙で没した。

司馬遷は楽毅の戦功より、この手紙の切実さを評価している。斉の蒯通《かいつう》、主父偃《しゅほえん》らがおぼえず手紙を下に置き、涙を流したと伝える。のちの魏王曹操《ぎおうそうそう》も感激している。「楽毅列伝」のこの手紙は、人柄と内容が一致している点、『三国志』の諸葛亮《しょかつりょう》の「出師《すいし》の表」に匹敵するものであろう。

第6章　天道是か非か

1　伯夷と叔斉

司馬遷の悲痛な問いかけ

第1章で簡単に触れた伯夷《はくい》と叔斉《しゅくせい》をふりかえりたい。司馬遷は列伝の筆頭に「伯夷列伝」を置いた。この列伝は特異である。前文につづく本文はいきなり「太史公曰く」で始まる。「太史公曰く」は、司馬遷自身の、人物たちに対する評価をふまえた意見であり、事績を述べたあと、最後に出てくるのが通例だが、「伯夷列伝」では、二人の事績も感動をまじえて「太史公曰く」のなかで述べられている。その点が特異である。

伯夷・叔斉は北方の名家、孤竹《こちく》君の二子で、父の死後、後継ぎを譲りあった結果、二人とも逃亡した。家は二人のまんなかの子が継いだ。二人は周の文王の仁徳を慕って、周に来た。

文王が亡くなると、子の武王は父の位牌を車に安置し、東に向かって殷の紂王を征伐するため出陣した。二人は武王の馬の手綱にすがって諫《いさ》めた。

「父君を葬りもせず、いくさを起こすのは、孝といえましょうか。臣として君を討つのは、仁といえましょうか」

側近が刃《やいば》を向けようとしたのを、太公望が「お二人は義人である」といって押し返して去らせた（「斉太公世家」の太公望の事績に、このことは載っていない）。

武王は紂を殺し、殷を平定して、天下を周の世とした。しかし二人はそれを恥とし、節を守って周の食物を口にせず、首陽山《しゅようざん》に隠れ住み、野草を食べていた。

飢えて死が迫ったとき、二人は歌をつくって歌った。

「暴臣が暴君に替わっただけだ。暴臣はその間違いを悟らない。神農《しんのう》・虞《ぐ》・夏《か》のよい時代も一瞬に消えてしまった。ああ逝こう。生きるに値いしない世にめぐりあわせたものだ」

このようにして二人は飢え死にした。

周初のこのはなしは非常に有名になり、ひろく語り伝えられたようだ。孔子は弟子の「伯夷・叔斉はどういう人ですか」という問いに、「昔のすぐれた人だ。仁を求めて仁を得たのだから、またなにを後悔しよう」と答えている（『論語』「述而篇」）。

だが司馬遷の問いかけははるかに深く、しかも異例である。

「人はいう。天は公平で、えこひいきしない。常にいい人を助けると（『老子』七十九章）。それでは伯夷・叔斉はいい人なのか、いい人でないのか！　仁徳を積み、高潔な品行の持ち主だったのに、なぜ飢え死にしなければならなかったのか！」

「それぱかりか、孔子の弟子七十人のなかで、もっとも学を好むといって孔子が推賞した顔回《がんかい》は、いつも貧乏で飯もろくろく食えずに若死にしたではないか。それに比べると、盗跖《とうせき》のように悪の限りを尽くし、数千人もの徒党を組んで、天下を横行した人間のほうが、寿命を全うして死んでいる。天がいい人を助けるとはいったいどういうことなのか」

ここに、

「天道是か非か」

という深刻にして悲痛な問いかけが提出される。

司馬遷はこの問いかけに正面から答えていない。しかし胸中鬱積《うっせき》したものがこの言を吐かせ、それを自分の運命にも連関させ、末尾の「太史公自序」に至る伏線を敷いていることは、明らかに察しられる。「天道是か非か」は『史記』を貫く大テーマなのである。それは人間が生きるということの悲劇的な意味を問うことなのである。

伯夷・叔斉は、生きるに値いしない世の中に絶望して、餓死という緩慢な自死を選ぶことにより、人間の誠実を示した。そして戦国末期の屈原《くつげん》は、投身という激しい死を選んだ。

2 屈原

汨羅に身を投げた最期

屈原は髪を振り乱し、放浪の末「懐沙《かいさ》」の長歌をつくった。

「夏のはじめ、草木は生い茂る　傷つき哀しみ、わたしは南へと急ぐ　人声もなく、静まりかえり　心はむすぼれて、痛みと哀しみは深まるばかり　抑えても抑えても、激情はどうしようもない――ああ世はさかさま、白を黒とし、上を下とする、鳳凰《ほうおう》は籠におしこめられ、鶏やあひるが走り回る　玉も石もごちゃまぜで、いっしょに升で量る　わたしの善意はああ、とてもわかりはしない――」

憤懣《ふんまん》と悲嘆を歌いながら、節義は変えない、死が避けられぬものなら、命を惜しもうとは思わないと結んで、石をかかえ、汨羅《べきら》の川に身を投げて死んだ。

汨羅に来る前、長江のほとりで一人の漁夫に出会った。憔悴《しょうすい》してさまよう人を、漁夫は屈原と知って声をかけた。

「あなたは三閭大夫《さんりょたいふ》ではありませんか。どうしてこんなところに来られましたか」

屈原「世の中は濁り切っている。澄んでいるのはわたしだけだ。だれも酔っている。醒《さ》めているのはわたしだけだ。だから放逐されたのだ」

漁夫「物事に拘泥《こうでい》せず、世の推移に身をまかせる、それが聖人の生き方ではありませんか。それにどうして自分ひとり心に美しい玉を抱きしめて、放逐される目にお遭いなさるのですか」

屈原「潔白の身に、汚れた着物を着せられるのに、耐えられようか。川に身を投じて、魚の餌食になったほうがよいのだ」

そういってから「懐沙」の長歌をつくったと伝えられる。

放逐され「離騒」を著す

屈原は楚の国王の同族である。懐王《かいおう》の左徒《さと》となった。宰相に次ぐ重臣である。博学で文辞をつづることに精通していた。国事についても、王は屈原を非常に信任していたが、同列の上官大夫が嫉視《しっし》して、王に屈原は自分でないと法令をつくれないと自慢している、と讒言《ざんげん》した。

屈原は、王が人の讒言を聞き分ける耳がなく、自分を疎《うと》んずるようになり、明察が損なわれていることを憂えて、「離騒《りそう》」という長歌をつくった。離騒とは憂いにとりつかれるという意味である。

そもそも天は人のはじめ、父母は人の本《もと》である。だから人はだれも追いつめられ、疲れ果てたとき、天に訴え、父母の名を呼びたくなる。自分は正しい道をまっすぐに歩き、まごころを尽くして君に仕えたのに、讒言によって君から隔てられた。その無念の気持ちが「離騒」を生んだ。

「離騒」では屈原自身の祖先である帝嚳《こく》をたたえ、自分は寅年寅の日寅の刻に生まれたと、誇らかに歌う。このように自分の出生を明らかにし、自叙伝的な見地からいろんなことを歌うという作風は、屈原が初めてだった。

また殷の湯王、周の武王、斉の桓公の治績をたたえ、祖国の現状を批判し、時事を風刺した。しかも自分を、汚れた世界をあとに、天界のかなたに浮游する存在として、高遠な理想を歌おうとした。

「文辞は簡潔で含蓄に富み、志《こころざし》の高潔さが表れ、ことばの一つ一つが芳香にみちている。その志は、日月と光を争うものだといっていい」

と司馬遷は「屈原・賈生《かせい》列伝」中に、自分の感慨を挿入する。この異例とも思える賛辞は、司馬遷の置かれた立場を抜きにしては考えられない。「太史公自序」には、

「屈原は放逐されて『離騒』を著す」

と記されている。「太史公自序」は司馬遷にとっての「離騒」だった。

屈原は朝廷での地位を失ってから、斉に使者として赴いた。

戦国の世は末期になっていた。西方の強国秦は、楚と斉の同盟が気がかりだった。そこで秦は論客の張儀《ちょうぎ》を楚に送り、斉との離間を策した。楚の懐王はまんまとこれにひっかかり、斉と断交してしまう。ところが秦は、懐王と約束した土地をよこさない。懐王は腹を立てて秦を攻めたが、さんざんに敗れて和睦した。後方を魏に脅かされる恐れもあった。

懐王は張儀を憎み、秦に引き渡しを要求、張儀は楚に来たが、懐王が寵愛していた美女鄭袖《ていしゅう》にとりなしを頼み、逃げ帰ってしまう。

屈原が斉に使いして、帰って来たのはちょうどこのころだった。

「なぜ張儀を殺さなかったのですか」

と王に迫った。王も後悔して張儀のあとを追わせたが、間に合わなかった。諸侯は連合して楚を攻め、楚は大敗した。

秦の昭王は楚と婚姻を結びたいといってきて、懐王の秦訪問を要請してきた。屈原は、

「秦は虎や狼のような国なので、信用できません。おいでにならないよう」

と願った。しかし令尹《れいいん》の子蘭《しらん》が強く勧めた。秦と友好を結ぶ絶好の機会だというのである。

懐王は武関《ぶかん》を入るやいなや、伏兵に抑留され、領土の割譲を迫られた。懐王は趙に逃れようとしたが、受け入れを断られ、結局秦で亡くなり、遺骸となって帰国した。

楚では長子の頃襄王《けいじょうおう》が即位した。懐王を秦にやった子蘭への風当たりは強かった。屈原は文辞の名手だったが、決して文弱の徒ではなかった。強国秦への屈辱外交には反対で、斉など近隣諸国と同盟を結び、秦と戦って国土を守るほかはないと、その方向に国策が一致するように尽力した。屈原には「憂国」の熱情があった。

子蘭は屈原に批判されていることに気づいていた。上官大夫と協力して、頃襄王に数々の非難中傷を吹き込んだ。明君ではなかった頃襄王はそれに惑わされ、屈原を江南に追放した。髪を振り乱し、水郷を行吟《こうぎん》する屈原の悲惨な日々はそれから始まった。漁夫の説得も役に立たなかった。

屈原は汨羅に沈んだが、楚もまた数十年して秦に滅ぼされた。楚には宋玉《そうぎょく》らの詩人が出たが、美辞を弄するばかりで、屈原のように政治を批判する勇気は持ち合わさなかった。屈原の死後百余年を経て、漢の長沙王《ちょうさおう》の太傅《たいふ》となった賈誼《かぎ》（賈生）は、湘水《しょうすい》のほとりに来たとき、賦をつくって屈原を弔った。

「太史公曰く」では、自分は屈原の「離騒」「招魂《しょうこん》」などを読んで、彼の決意をあわれと思い、長沙におもむいて屈原が身を投げた淵をながめて、おぼえず涙を流し、その人柄を心に描いた、と書いている。いまは投身の淵は養魚場になっているが、周囲のたたずまいは、司馬遷のころとあまり変わっていないのではないかと思う。

3　季布と欒布

伯夷・叔斉も屈原も、この世に絶望して死を選んだ。彼らは君子だった。ここに挙げる季布《きふ》と欒布《らんぷ》は、君子ではなくて、「遊俠列伝」に入るべき男伊達《おとこだて》である。彼らが奴隷となっても生きようと志したことは、生への執着という意味で、伯夷・叔斉や屈原と対極をなすものである。

季布——奴隷から太守に返り咲く

季布は楚の人で、意気と男伊達で知られていた。寡黙で怒りっぽいが義俠心がある。楚の地方では評判が高かった。項羽は季布を将軍として用い、しばしば漢の高祖を苦しめた。彼が高祖の軍を全滅させ、旗を奪い取ったことはしばしばあった。司馬遷は季布を「壮士」と呼んでいる。そのため高祖は項羽を滅ぼした後、季布の首に千金の懸賞金をかけて、行方を捜させた。かくまえば一族皆殺しにするというきびしいお触れが出た。

季布はあえて忍耐して生きる道を選び、任俠のつてをたどって濮陽《ぼくよう》の周氏《しゅうし》のところに潜んでいた。周氏はいった。

「漢の手配は非常にきびしく、いまにこの地方にも追及の手が伸びてきそうです。わたくしに一計がありますが、お聞きくださいますか。もしお聞きいれなければ、まずわたくしが自決することになります」

季布はいう通りにすると答えた。周氏は季布の髪を剃り、首かせをはめ、粗末な着物を着せて奴隷に仕立て、覆いをかけた荷車に他の奴隷たちといっしょに積み、魯の俠客の朱《しゅ》家《か》（朱が姓で家は名前）に運び込んで売った。朱家は奴隷の一人が季布であることを承知で買い取り、季布を農場の小屋に住まわせ、息子にいった。

「仕事はこの男の好きなようにやらせろ。食事はかならずいっしょにして、身辺に気をつけてやれ」

朱家はそれから馬車を仕立てて、洛陽の汝陰侯《じょいんこう》夏侯嬰《かこうえい》に面会した。夏侯嬰は数日、朱家を歓待した。折りを見て、朱家は切り出した。

「季布はどんな大罪で、きびしく追及されるのですか」
夏侯嬰「項羽に仕えて、しばしば陛下を苦しめたからだ。あいつを憎んでおられる」
朱家「あなたは季布をどんな人間と思われますか」
夏侯嬰「えらいやつじゃ」
朱家（力をこめて）「主君のために働くのが臣下の務めです。季布は務めを忠実に果たしたのです。項羽の家来だった者をすべて死刑に出来ましょうか。天下が安定したいま、私怨のため、一人の男を追いかけるのは、天下にお心の狭さを示すようなものです。それに季布ほどの男が、簡単に捕まるとは思えません。しかし追及がきびしくなれば、匈奴《きょうど》へでも南越《なんえつ》へでも逃げましょう。あたら壮士を敵国に追いやることは、楚の平王の過ちを繰り返すことになります。平王の墓が暴かれて、遺体を鞭打たれたのは、伍子胥《ごししょ》を敵国へ追いやったからではありませんか。陛下がくつろいでいらっしゃるとき、どうしてお諫めにならないのですか」
夏侯嬰「よし。承知した」
夏侯嬰は朱家の男伊達ぶりにいまさらのように感服、季布が朱家のところにかくれているに違いないと推察したから、高祖に朱家のことばを伝えると、高祖は季布を赦免した。
以後、人々のあいだで、季布が剛気をおさえ、柔軟な身の処し方をしたのが評判となり、

人間コラム④

扁《へん》　鵲《じゃく》

『史記』によると、扁鵲は春秋時代の末に初めて現れた民間医の一人である。それまでの医者はすべて朝廷に仕えていた。扁鵲は勃海《ぼっかい》郡鄚《てい》県の生まれで、若いころ何度も家を訪れた長桑《ちょうそう》君《くん》という不思議な人物から秘蔵薬を譲り受け、処方の通り30日間服用すると、なんと病人の内臓が透けて見え、どこに病根があるか、はっきりわかる。生きたレントゲン撮影機のようになったわけだが、人には脈をとるだけで症状がわかるのだということにしておいた。

扁鵲の名声は高くなり、斉や趙まで診察に呼ばれた。扁鵲という呼び名は、黄帝時代の伝説上の名医にちなんだものである。晋の趙簡子《ちょうかんし》が5日間昏睡して覚めなかったのを、これはむかし秦の穆公《ぼくこう》がかかった病と同じで、あと2日で覚めると診断し、はたしてその通りになった。斉では国君に早期治療を進言し、自覚症状がなかった国君は腹を立てたが、はたして手遅れになって死亡した。

扁鵲は趙の都邯鄲《かんたん》では婦人を大切にすると聞いて、邯鄲ではもっぱら婦人病の治療に当たった。洛陽では老人をいたわるので、老人病の治療に専念、秦の咸陽《かんよう》ではこどもを大切にしたので、小児科を開業した。人間レントゲンだから、何でも可能だったのだろう。しかし彼より腕の劣る官医の恨みを買い、刺客に襲われて死んだ。自分の運命を透視することはできなかったのである。

扁鵲の内視による治療と、三国時代の華佗《かだ》の卓抜な外科手術は、驚くほど西欧近代医学に似ている。

朱家もその侠気で天下に名を響かせた。季布は高祖に拝謁し、謝罪し、郎中に取り立てられた。

恵帝《けいてい》のとき、中郎将《ちゅうろうしょう》になった。匈奴の冒頓単于《ぼくとつぜんう》が呂太后《りょたいこう》に無礼な手紙を送ったとき、樊噲《はんかい》は、十万の兵をお与えくだされば匈奴を蹴散らしてくれるといきまいた。樊噲は呂太后の姻戚だったが、季布は、高祖が平城《へいじょう》で辛苦されたのを忘れたのか、そのような発言は斬首に値すると、堂々と所見を述べた。群臣は呂太后の怒りを恐れたが、太后はそこで協議を打ち切り、沙汰やみにしてしまった。文帝のとき、河東の太守となり、終わりを全うした。

また季布はなかなかうんといわないが、いったん引き受けるとかならず約束を守ったので「黄金百金を得るとも、季布の一諾を得るにはしかず」といわれ、将軍であると同時に、任侠の人として通っていた。これには同郷の楚の曹丘生《そうきゅうせい》という論客が、季布に嫌われていたにもかかわらず、強引に面会して「あなたの名を天下に広めよう」といい、季布の快諾を得たため、その名声を天下に広めたことが大いに響いている。

季布の弟季心《きしん》は「勇」では季布をしのぎ、義弟の丁公《ていこう》も勇猛だったが、季布の剛直、信義がこの二人より有名になったのは、多分に曹丘生のPRに負うところが大きい。

それにしても、奴隷に落ちてから太守に再生したのは、季布の義侠に感じた朱家の任侠のたまものである。朱家は季布の身分が高くなったあとは、生涯会おうとしなかった。任侠に傷がつくと思ったのであろう。

司馬遷は奴隷に身を落としながら、死なずになんとよく耐えしのんだことだろうと、季布に賛辞を惜しまない。

「彼は自分の才能を自負していたから、辱《はずかし》めを受けても恥と思わず、まだ自分の才能を活用し足らない、ときっと思っていたのだろう」

というあたり、おもわず自分を語ってしまった感がする。季布が項羽の敗戦直後に捕らわれていたら、疑いもなく処刑されていただろう。季布の潜伏中に漢では韓信はじめ功臣が多数粛清されたため、季布を処遇するポストがあいていた。季布は「時間の勝利者」でもあった。

欒布──恥辱に耐えて生きのびてこそ

欒布は梁（魏）の人である。貧乏な時代、彭越《ほうえつ》とつきあいがあった。どちらも貧乏だったので、斉へ出稼ぎに行き、酒屋の下男となった。彭越は斉を去り、欒布は燕で奴隷の身となったが、その家の主人の敵討ちをした。そのため抜擢《ばってき》されて燕の将校となったが、漢が燕を討ったとき、捕虜となった。そのころ梁王《りょうおう》となっていた彭越がそれを聞くと、すぐ申し出て代償を払って欒布をもらい受け、梁の大夫とした。

欒布が彭越の命令で斉に使いし、帰国しないうちに、彭越は謀反の罪で高祖に誅《ちゅう》せられた。高祖は彭越の首を洛陽城下にさらし、この首を納める者があれば、ただちに捕縛せよと厳命をくだした。

欒布は斉から帰ると彭越の首の下で任務を報告し、その霊を祀《まつ》り、大声で泣いた。役人が捕らえて上奏すると、高祖はののしった。わしの禁令にさからいおって、こやつを煮殺せと。欒布は死ぬまでに一言申し上げたいといい、許しを得ると語り出した。

「かつて陛下は彭城で窮地に陥られ、滎陽《けいよう》、成皋《せいこう》でも敗北されました。にもかかわらず、項羽の追撃を免れられたのは、彭越さまが梁にあって、項羽を牽制したからです。当時は彭越さまがどちらへつくかで、形勢が決まったのです。垓下《がいか》の決戦でも、彭越さまがいなかったら、項羽は滅びはしなかったでしょう。

天下が定まって、彭越さまは王に封じられました。これを子々孫々に伝えたいとお思いでした。それを病気で派兵に応じないだけの理由で、謀反の疑いをかけられ、謀反の証拠はなにもないのに、苛酷な裁きで誅殺されました。これでは陛下の功臣は、どなたもみな身の危険を感じられるでしょう。すでに彭越さまは亡くなりました。わたくしは生きているより死んだほうがましです。さあ煮殺してください」

高祖は罪を許し、都尉《とい》に任命した。

文帝の時代に欒布は燕の宰相となり、のち将軍となった。そのときになって、初めて感慨をもらした。

「貧乏で苦しいときに恥辱に耐えて生きのびることのできないものは、男ではない。出世して財産ができたとき、自分が納得するように振る舞えぬものも男ではない」

これを信条として、恩を受けた者にはあつく返し、怨みがある相手には、法に照らして滅ぼした。司馬遷は欒布をも賞揚している（以上は「季布・欒布列伝」による）。

「彭越の死を悼《いた》み、処刑の釜ゆでに赴く態度は、まるで本来落ち着くべきところへ赴くかのようだった。それは本当に死に対処する仕方を知っていて、死をなんとも思わなかったからである。古《いにしえ》の烈士といえども、季布と欒布以上のなにができたであろうか」

「天道是か非か」の章に、伯夷・叔斉、屈原はともかく、季布と欒布までくるのは無茶かも知れない。だが死を前にしての二人の覚悟と行動は、決して伯夷・叔斉、屈原に劣るものではない。季布は忍耐して生を選び、再び世に出ることができた。欒布は恩人の彭越を、自分の死を覚悟して祀り、捕らわれて高祖に諫言し、死中に活を得た。だから司馬遷も「烈士」として「季布・欒布列伝」で賞揚したのだ。

第7章　放浪の公子・君子

1　重耳（晋の文公）

驪姫の禍

晋は周の武王の子の唐叔虞《とうしゆくぐ》が封じられた国で、晋主は侯爵の位を持ち、もっとも家格の高い大国だった。しかし前七世紀後半になって内部抗争が起こり、分家筋の武公《ぶこう》が、本家の晋侯緡《びん》を倒し、周室に賄賂《わいろ》を贈り、晋侯に成り上がった。斉の桓公《かんこう》が、初めて覇者となって、諸侯に号令した後である。

その子献公《けんこう》以後、お家騒動がつづき、ついに放浪の公子重耳《ちようじ》を生む。しかし晋そのものの国力はかえって強大となり、やがて重耳が晋侯となって、斉の桓公に次ぐ覇者となる。非常に複雑な過程であるが、司馬遷はそこに人間の醸し出す愛憎のドラマを見ているようであり、やがて大国晋が六人の臣下に政権を奪われる事実をふまえて、臣下を統御する国君というものは、なまやさしい存在ではないと、「晋世家」の「太史公曰く」で説く。

晋のごたごたは、驪姫《りき》の禍《か》に始まる。

武公の子献公は、西方の異民族驪戎《りじゆう》を討ち、驪姫とその妹を捕らえて帰り、どちらも側室として寵愛した。国都を曲沃《きょくよく》から聚《しゅう》に移し、絳《こう》と改めた。

驪姫が男子奚斉《けいせい》を産んだ。献公は奚斉を太子にしたくて、太子申生《しんせい》を曲沃に、公子重耳を蒲邑《ほゆう》に、公子夷呉《いご》を屈邑《くつゆう》に追いやった。献公には男子が八人いたが、この三人が優秀だった。しかし奚斉を太子にしたいばかりに、三人を疎《うと》んずるようになった。

あるとき献公はひそかに驪姫に打ち明けた。

「申生を廃して、奚斉を太子に立てようと思うが」

驪姫は涙ながらに諫言した。

「申生さまが太子であることは、諸侯がみな知っています。戦功もあげ、臣下から慕われています。わたくしのような者のために、筋をお曲げになってはなりません」

驪姫はうわべは申生を立てながら、かげではいろいろと画策していた。

二年後、驪姫は申生に、昨夜お父上の夢枕に、あなたの母上が立ったので、曲沃の祖廟《そびょう》に参って、供物を父上にお届けくださいといった。申生はいうとおりにし、祭壇に供えた酒と肉を届けた。驪姫はそれに毒を仕込んだ。

狩猟から帰った献公が、酒と肉に箸をつけようとすると、驪姫が毒見をなさってからといった。献公が酒を地面に注ぐと、地面が盛り上がった。肉を犬に与えると即死した。驪姫は、太子はむごい方だと泣き伏した。

罠《わな》に落ちたと知った太子は、曲沃に逃げた。亡命をすすめた臣もいたが、申生は運命を甘受して自殺した。

都にいた重耳と夷吾も、驪姫に、毒薬事件には二人もからんでいると讒言され、危険を感じた重耳は蒲邑に、夷吾は屈邑に逃げ、防備を固めた。献公は激怒して、二人に追っ手を差し向けた。蒲邑の宦官が重耳に自決を迫った。重耳は塀を乗り越えて逃げた。宦官が追いすがって斬りつけたが、袂《たもと》を斬っただけだった。

夷吾のほうは頑強に抵抗したが、結局、梁に亡命した。重耳は母の国である狄《てき》に逃れ、狄は出兵して晋軍を破り、重耳を守った。

献公は前六五一年、斉の桓公が初めて覇者として行った会盟にも、途中で引き返すほど衰弱していた。間もなく側近に奚斉を支えてゆくよう遺言して没した。大夫の里克《りこく》と邳鄭《ひてい》は臣下を糾合して宮殿に押し入って奚斉と側近を殺し、重耳を呼び迎えようとしたが、重耳は、

「父の命にそむいて出奔し、父の死に際して、子としての礼を修めることのできなかった自分が、いまさら帰るわけにはいかぬ」

と辞退した。このあたりに「君子」のおもかげがある。結局、秦の援助をとりつけた夷吾が晋君となった。恵公《けいこう》である。

流浪の旅へ

恵公は即位後、秦とかわした土地の約束にそむき、里克を自殺させ、大夫たちを処刑したので、家臣たちは次第に離反した。

重耳は少年時代から立派な男を食客として遇し、十七歳のころ、趙衰《ちょうし》・狐偃《こえん》・賈佗《かた》・先軫《せんしん》・魏武士《ぎぶし》というすぐれた腹心を持っていた。恵公は重耳の存在が気がかりでならない。狄に刺客を放った。それを察知した重耳は、

「わたしがここに来たのは、再起の足場にするつもりではない。一時逃れだった。他の大国に移りたいと考えていた。斉の桓公がまず浮かぶ。近ごろ大黒柱の管仲が没したので、きっとすぐれた補佐を求めているに違いない」

といって、斉に行こうとした。そうして妻にいった。

「わたしを二十五年待って、戻らなかったら再婚してくれ」

妻は笑っていった。

「二十五年もすれば、わたしのお墓に柏の木が大きくなっていることでしょう。でもお待ちします」

狄での滞在は約十二年に及んでいた。衛に立ち寄って冷遇され、そのうえ五鹿《ごろく》という村

を過ぎたとき、空腹のあまり農夫に食物を乞うたところ、土器に土を盛って出された。重耳がおもわず怒ると、趙衰がなだめた。

「土をもらうのは、土地を領有するという意味です。ありがたくお受けなさい」

曲亭馬琴《きよくていばきん》の『南総里見八犬伝』には、この故事が出てくる。

斉の桓公は、重耳を大歓迎し、一族の王女を嫁に与え、多くの引き出物を贈った。翌年桓公が没し、内乱が起こり、孝公が継いだが、国力の衰微はどうにもならない。しかし重耳はすっかり腰を落ち着け、ここに骨を埋めるといい出した。家臣たちは重耳を泥酔させ、車に乗せて出発した。酔いが醒めたときは、もう遠くまで来ていた。怒り狂った重耳は、咎犯《きゆうはん》（狐偃の字）を刺そうとした。

咎犯「わたくしが殺されて、あなたの大業が成就する。それこそわたしの願いです」

重耳「成就しなければ、叔父上の肉を食ってやるぞ！」

咎犯「成就しなくても、この肉は腐っています。食えたものではありますまい」

咎犯は重耳の叔父に当たっていた。

曹《そう》に立ち寄ったが、礼遇しない。共公《きようこう》はうわさに聞く重耳の一枚肋《あばら》を見たいといい出す始末。大夫が気を使い、内緒で食物を送り、器の中に璧《へき》をしのばせておいた。重耳は食物だけ受け取り、璧は返して立ち去った。廉直さを示したわけである。

人間コラム⑤

孟子《もうし》と荀子《じゅんし》

儒教では孟子を「亜聖」と呼び、聖人の孔子に次ぐ存在として尊崇されている。しかし孔子の生年没年がほぼはっきりわかっているのに対して、孟子の生涯にはわからぬことが多い。孔子の没後 90 年して生まれ、孔子の孫の子思《しし》の弟子に儒学を学び、やや後輩の荀子と約 30 年、世に並んで生きていたとされている。

孔子の「仁」を押しひろめて、物事の筋道をあらわす「義」を重視し、「仁義」の道を説いた。戦国期に、斉の都の臨淄《りんし》の稷門《しょくもん》のあたりに学問の自由な研究所が設けられ、全国から学者が集まり「稷下《しょくか》の学」を形成した。孟子も荀子もここに学び、いろんな学者と論争しながら、自分の思想を鍛えたとされる。だから孟子を儒教の後継者というより、「諸子百家」の一人と見る研究者も多い。

孟子は諸国を遊説し、平和な社会のなかでの民生の向上を説いたが、戦国の権謀に明け暮れる諸侯には相手にされなかった。また人間の性は善であるとし、荀子の性悪説と対立した。

議論を好んだ孟子には、その場しのぎのこじつけが多く、孔子のことばのような含蓄に乏しいが、「五十歩百歩」「惻隠の心(情)」など、いまに残る名言は多い。

荀子は「稷下」では 3 度も総長のような役に推された。天性の資質より人為的な努力を重視し、性悪説もその観点から生まれた。「仁」より「礼」による規則を重んじたのも同じで、この点、法家に近いとされる。矛盾のない思想体系を確立し、中国古代の最大の学者・思想家といわれる。

一行は宋に行った。宋の襄公《じょうこう》は、いわゆる「宋襄《そうじょう》の仁《じん》」を発揮して、楚に敗れ、自身も負傷したあとだったが、諸侯の礼をとって重耳を遇した。だが咎犯と親しい司馬《しば》の公孫《こうそん》固《こ》が忠告した。

「わが国は小国であるうえ、難局に直面しています。とても頼りにならない。ほかの大国へ移られるがよろしかろう」

鄭《てい》に行っても冷遇された。大夫の叔瞻《しゅくせん》が諫めると、鄭の文公は亡命公子をいちいち相手にしておれるかという。それならば、将来わが国を脅かさないために殺してしまいなさいというと、それも聞かなかった。

「三舎を避ける」

楚へ行くと、成王《せいおう》は手厚くもてなした。重耳が謙虚なので、成王は聞いた。

「あなたが首尾よくご帰国の暁には、わたくしにどんな贈り物をいただけますかな?」

重耳「宝石、財宝は王のお手元に有り余っていましょう。もし不幸にして王と平野で戦うことになりましたら、王から三日行程分、退却させていただきましょう」

この言を将軍子玉《しぎょく》は不遜だと怒り、殺させてくれと願ったが、王は、

「晋の公子はすぐれた素質を持ちながら、国外で苦労しておられる。従者はみな国家の柱

石だ。この組み合わせは天の配剤だ。どうして殺すことができようか。いまの公子にとって、これ以外の答えがあるか」

「三舎を避ける」公約は、のちに晋の文公となった重耳が実行する。

重耳は秦に行った。穆公《ぼくこう》はおおいに喜び王女五人を妻として与え、重耳と祝杯をあげた。席上、趙衰が望郷の思いをこめて「黍苗《しょびょう》」の詩を歌った。詩中に出てくる召伯《しょうはく》を穆公にたとえ、その助力によって重耳が帰国し、大業を遂げられるよう願ったのである。穆公はご心中よくわかるといった。

このときは前六三七年。晋の恵公が亡くなった。葬儀が行われたあと恵公の子が立ったが、大夫たちがひそかに秦にやって来て帰国を促した。秦の穆公も出兵して帰国を助けた。すべての条件は整い、重耳は外に在ること十九年、六十二歳にして帰国し、晋の文公となった。国政を整え、楚とやむなく開戦したときは「三舎を避ける」公約を守り、城濮《じょうぼく》の戦いで大勝し、斉の桓公に次ぐ覇者となった。そして在位九年で没した。

文公は自力で自分の運命を開拓した人ではない。仁徳によって内外の人々を感化し、次第に同情と支持を手に入れた受け身の人傑で、十九年の放浪に耐えたねばり強さを持っていた。また十九年辛苦をともにする部下にも恵まれていた。この部下たちが放浪の公子を離れなかったところを、諸侯も評価したのだと思われる。後世『三国志』の劉備《りゅうび》にも、これと似た性格があった。

ついに国君となった文公に、ただ一つ手抜かりがあった。それは論功行賞に当たって、苦労をともにした介子推《かいしすい》のことを忘れてしまったことである。介子推のほうも、天が文公に味方して大事を遂げさせたにもかかわらず、功臣たちが自分の功を誇るのを苦々しく思い、身を隠してしまった。

司馬遷は文公を「明君」と認めながらも、介子推のことを忘れてしまったことに対して、君主が臣下を統御する方法は、なまやさしいことでないのだなあと嘆息している。

「孔子世家」を素直に読むかぎり、孔子は、満々たる野心を抱いたエネルギッシュな人物だったが、成功し損なった人物のように見える。同じく放浪を重ねた晋の公子重耳のほうが、どちらかといえば、人を心服させる仁徳を持っていたように見えるから不思議である。本当はどうなのだろう。

2 孔子

「喪家の狗の如し」

旅行く孔子は、鄭《てい》に入って弟子たちとはぐれてしまったので、ひとり城門のそばに立っていた。それを見た住民の一人が子貢《しこう》に告げた。

「東門のところでへんな男を見かけました。額が尭《ぎょう》のよう、うなじは皋陶《こうよう》のよう、肩は宰相子産《しさん》にそっくり、だが腰から下は禹《う》に三寸ほど足りず、しょんぼりして、お弔《とむら》いのあった家の犬のようでした」

子貢は孔子を見つけて、ありのままを語った。「喪家《そうか》の狗《いぬ》の如《ごと》し」と。孔子は愉快そうに笑った。

「顔かたちはともかく、お弔いのあった家の犬とはよくいったものだ。いや、まったくその通りなんだから」

このはなしは、非常に含蓄に富んでいる。無意識で門のところに立っていた孔子の姿は、容貌にかかわらず、非常にさびしそうに見えたということだ。「まったくその通り」とは、負け惜しみにも聞こえる。

「君は君として、臣は臣として」

「孔子世家」によって、孔子の生涯と言行のあらましをたどってみよう。なぜ孔子が列伝でなく、世家に編入されたか、ということも考察しながら。

生まれは魯《ろ》の昌平郷《しょうへいきょう》の陬《すう》という村で、四代前に宋から移ってきた。父叔梁紇《しゅくりょうこつ》と母顔《がん》氏《し》は、正規の結婚ではなかった。頭のてっぺんがくぼんで尼丘《じきゅう》という山に似ていたので、丘《きゅう》と名づけられた。幼いとき父が亡くなった。母は孔子に父の墓所を教えなかった。やがて母も亡くなったが、父の墓所を教えてくれる人があり、やっと母を合葬することができた。

まだ喪中のとき、魯の豪族季氏《きし》が村の有力者を集めて宴会をした。孔子も出席した。すると季氏の家臣陽虎《ようこ》が、

「立派な方が集まる席だ。お前などの来るところではない」

といって恥をかかせたので、すごすごと帰った。

孔子は貧しく、身分も低かった。成人してから倉庫の番人になった。穀物の計量は公平だった。牧場の番人にもなったが、家畜は順調に繁殖した。これらの実績は、のちに魯の司空《しくう》（土木長官）となる下地になった。身長が九尺六寸（約二一五センチ）もあったので、人は驚嘆して長人《ちょうじん》と呼んだ。

魯の大夫孟釐子《もうきし》は遺言で、後継ぎの懿子《いし》に、

「孔丘は聖人の末孫だ。宋で滅ぼされたから、魯に来た。孔丘は若いが礼を好み、行く末大徳をなす人だから、かならず彼を師とせよ」

といった。懿子は弟の南宮敬叔《なんきゅうけいしゅく》といっしょに、孔子に礼を学んだ。

南宮敬叔は魯の君主に、

孔子と弟子たちが遊楽したといわれる曲阜の舞雩壇《ぶうだん》跡

「孔子さまに従って、周の都に行かせてください」

と願って許された。周の都に着くと、老子《ろうし》を訪ねた。帰るとき、老子はいった。

「聡明で洞察力がありながら、死の危険にさらされる人は、他人を批判しすぎるからだ。雄弁博識でありながら、身を危うくする人は、他人の悪をあばくからだ。人の子たるもの、人の臣たるものは、自己主張を控えねばなるまい」

孔子が周から魯に帰ると、入門する弟子が次第に多くなった。

魯の昭公は実力者を抑えきれず、反撃を食らって斉に

亡命した。孔子三十五歳（前五一七）のときである。

孔子は斉に行き、大夫の高昭子《こうしょうし》の家臣となって、斉の景公に近づこうとした。また斉の楽官から音楽の教えを受け、韶《しょう》（帝舜の音楽）の曲に深い感銘を受け、三ヵ月の間、熱心に学び、肉の味すらわからないほどだった。斉の人はその態度を称賛した。

やがて景公は孔子を呼んで、政治について質問した。孔子は、

「君は君として、臣は臣として、父は父として、子は子としてあることです」

この同語反復のような答えに、景公は満足した。

「そうじゃのう。それでなくては、たとえ米があっても、わたしは食べられまい」

景公はふたたび孔子を呼んで、またもや政治を問うた。

「よい政治とは、政府の費用を節約することです」

今度も景公は感心した。尼谿《じけい》の田を領地として与えようとした。すると宰相の晏嬰《あんえい》（晏子）が反対した。

「いったい儒者は口先がうまくて、いうことはお手本とはなりません。何事につけ、自信が強すぎて他人の意見に耳をかさず、臣下としてはたいへん扱いにくい者たちです。さらに死者への服喪をうるさくいい、財産を使い果たしても葬礼を厚くせよといいます。これは民の風俗を損なうものです。弁舌をもって禄を求めて諸国をわたり歩く連中なので、国

を治めるには不向きです。周の王室が衰え、礼楽がすたれてから、孔子はその復興を図ると称して、作法、礼節などことこまかにいいたて、一生かかっても習いおぼえられないことを奨励しています。こんな孔子を、もしお用いになるのでしたら、それは人民を導くすべてではありますまい」

これ以後、景公は孔子に会っても敬意を払うだけにした。孔子がいとまごいをすると、景公はあわてて優遇の措置を講じようとしたが、反発の空気が強いので、

「わたしは年老いた。もうあなたを用いることはできない」

といった。ついに孔子は斉を去り、魯に帰った。

思うに景公は、いつも宰相たちの実務報告ばかり聞かされていたので、孔子の「君は君として」の発言が非常に耳新しく聞こえたのであろう。それは文化の香りのする発言だったから魅了されたのであるが、晏嬰のことばにわれに返ったのである。文化の香りは、空理空論と紙一重、あるいは同一であることを景公は覚ったのである。もう少し若ければ臣下の反対を押し切って、多少は文化国家の建設のようなことをやったかも知れない。なんといっても斉は太公望の開いた国だからだ。だが年老いた景公は、晏嬰の実務家的発言に、現状維持の安心をおぼえたのであろう。

善政の挫折

孔子は帰国後、詩書礼楽の研究と弟子の教育に打ち込みながら、なお政治に手腕を発揮したいという希望を持ちつづけた。魯の昭公は斉で没し、弟が即位して定公《ていこう》となったが、あいかわらず下克上《げこくじょう》の風潮だった。

定公の九年（前五〇一）、季氏の家臣公山不狃《こうざんふちゅう》が費《ひ》にたてこもって季氏にそむき、人をやって孔子を招いた。孔子は行こうとした。手腕がありながら、腕を振るう機会がなかったところへ、この招聘《しょうへい》である。子路《しろ》がとめた。孔子はいった。

「わたしを招くのはいい加減な考えではあるまい。用いてくれるなら、周の理想政治を、東方で再現してみせる」

しかし結局は行かなかった。

まもなく定公は孔子を中都《ちゅうと》の長官に任命した。就任後一年、周囲の地区はみな中都のやり方を見習うようになった。その実績によって司空に昇進、さらに大司寇《だいしこう》（司法長官）となった。

定公の十年（前五〇〇）、魯と斉は和睦し、両公は夾谷《きょうこく》で会見した。定公が無防備で出発しようとしたので、折衝役の孔子は、

「文事ある者は必ず武備あり、武事ある者は必ず文備あり、と聞いています。国境を越え

るときは、必ず相応の武官を従えるものです」

定公は「よし」といい、左右の司馬を随員に加えた。

会盟の礼がすむと、斉側から音楽が鳴った。すると太鼓の響きとともに、さまざまな武器をたずさえた踊り手が登場した。孔子は小走りに階段をかけのぼると、

「友好の会談に、夷狄《いてき》の舞楽などとんでもありません。おやめください」

景公は恥ずかしく思い、中止させた。今度は道化たちが出てきたのを、これも中止させた。

景公はすっかり面目を失い、道義では魯に太刀打ちできないと覚った。過ちを認め、魯から奪い取った土地を返して謝意を表した。

定公の十四年(前四九六)孔子は五十六歳、大司寇から宰相の代行となった。孔子がうれしそうな顔をしたので、弟子がいった。

「君子は喜怒哀楽を外に表さないと聞いていますが」

孔子「そうはいっても、君子は高い位について謙遜するのを楽しむともいうではないか」

まず魯の大夫で国政を乱していた少正卯《しょうせいぼう》を処刑し、積極的に政治改革を行った。三ヵ月たつと、家畜をあきなう者は値段をごまかさず、風俗は乱れず、道に落ちている物を拾

う者はいなくなった。

斉ではこのうわさを聞くと、当局は不安を感じた。

「孔子が政治を執りつづけると、魯は覇者になり、わが斉は真っ先に併合されるだろう」

そこで攪乱《かくらん》工作を考えた。美女八十人を選び、官能的な歌舞を習わせ、美しく着飾らせて魯に贈った。南門の前でアトラクションをやると、宰相の季桓子《きかんし》も定公もおしのびで毎日見物し、政務をおろそかにした。

子路がいう。

「先生、去るべきですぞ」

孔子「まもなくお祀りの日が来る。その日、礼式に従って肉が大夫たちに配られるなら、留まっていよう」

肉は来なかった。そこでついに、孔子は魯都を離れた。だが国境近くの村で一夜を明かしたとき、楽師が追いかけてやって来た。

「先生は罪もないのに、どうして去るのですか」

孔子は歌で答えた。相手が楽師だったからだろう。

「あの女たちの口が追い立てるのさ。あの女たちのお目通りが破滅をもたらすのさ。国のありさまがあのさまだ。だからわたしはのろのろとさまよい歩く」

季桓子は楽師からそれを聞くと、

「先生はあの女どものせいにして、わたしを咎《とが》めておられる」

と深いため息をついた。

なぜこの程度のことで、孔子の「善政」がつまずいたのだろうか。このあたりは暗示的に書かれているが、斉の工作はこれだけに留まらず、いろいろとあったのではないかと察せられる。孔子の政治は挫折した。

度重なる災難

孔子は衛《えい》に行き、霊公《れいこう》に優遇されたが、孔子を危険人物だと讒言《ざんげん》する者がおり、警備をきびしくしたので、孔子は危険を察知して去った。

匡《きょう》を通ったとき、かつて乱暴を働いた陽虎《ようこ》と間違えられて抑留された。孔子は、

「文王の道がわたしに伝わっている以上、匡の人がどうすることができよう」

といった。抑留はかなりつづいたが、解放されて衛に戻り、大夫の蘧伯玉《きょはくぎょく》の家に身を寄せた。衛の霊公夫人南子《なんし》は、霊公と親交を結びたい方には、ぜひ会いたいといってよこして、孔子を引見した。孔子が頭を下げると、帳《とばり》のむこう側で南子が二度会釈し、南子の玉飾りがさやさやと鳴った。孔子は弟子にいった。

「お目通りに出まいと思ったが、お目にかかると、作法通り答えられた」

しかし、南子の淫行が噂されていたため、子路は不満だった。孔子はいった。

「わたしが間違っていれば、天が見捨て給うだろう。天が見捨て給うだろう」

ひと月あまり後、霊公は車に夫人と同乗し、宦官を陪乗させ、孔子を後ろの車に乗せて街を周遊した。孔子はあとで沈鬱《ちんうつ》な面持ちで、

「わたしは美女を愛するほど、道徳を愛する人は見たことがない」

といい、衛に見切りをつけて曹に向かい、さらに宋に入った。たまたま大木の陰で礼の講習をしていると、司馬の桓魋《かんたい》が孔子を殺そうとして、大木を切り倒した。孔子は危うく難を逃れていった。

「わたしは天から徳を授かった身だ。桓魋ごときになにができよう」

鄭の門で「喪家の狗」と呼ばれたのは、このあとである。

陳に行って三年ばかり滞在しているころ、呉越の興亡があった。晋と呉がかわるがわる陳に攻め込んでくる。孔子は、

「このうえは故国に帰ろう。郷里の若者たちは、意欲あふれ、熱狂的だ」

といい、陳を離れ、蒲《ほ》にさしかかって抑留された。弟子の公良孺《こうりようじゅ》が敢然と立ち向かうと、その偉丈夫ぶりに相手はひるみ、

「衛に行かないなら、通してやる」
というので、孔子は約束したが、東門を出ると、やはり衛に向かった。
子貢「約束を破っていいのですか」
孔子「強要されての約束だ。神も約束とはとるまい」
衛の霊公は喜んで孔子を迎えたが、老境に入り、国政を怠りがちだったので、孔子は去って行った。
「どの国でもいい。わたしに政治をまかせてくれれば、一年でもいい。三年もすれば、立派な国家にできるのだが」
ということばを遺しながら。
晋に向かい、また衛に戻り、陳に行き、蔡《さい》に、さらに葉《しょう》へと、孔子の流浪はつづく。年齢は六十を過ぎていた。一行がまた蔡へ戻る途中、川にさしかかったところで、ノッポとデブの二人が田を耕していた。孔子は子路に、渡し場はどこかと問わせた。
二人「手綱をとっているのはだれだい」
子路「孔丘といいます」
二人「魯の孔丘かい」
子路「そうです」

子路の名も聞いた後、二人はいった。

「時勢というものは、この川のようなものじゃ。人の力で変えられると思うかね。人をあれこれいって歩くものについているよりは、わしらのように世の中を棄てているものにつくほうがましではないか」

子路が報告すると、孔子は気落ちした表情で、

「天下に道が行われておれば、わたしがそれを変えるまでもないのだ」

といった。

あまりに高遠な道

蔡に移って三年後、前四八九年、呉が陳を攻めた。これに対して楚が陳を救援して出兵した。楚王は孔子が陳・蔡の国境近くに滞在していることを知り、使者をやって自国に招聘した。孔子一行は出発の準備にかかった。

陳・蔡の大夫は恐慌を来した。

「孔子は賢人で、諸侯に対する批判は的を射ている。われわれの行動は、どうも孔子には合わないようだ。もし楚が孔子を登用したらたいへんだ」

彼らは共同して孔子一行を、原野の中に包囲した。一行は食糧も尽き、餓えと疲れで起

きあがることもできない。それなのに、孔子は相変わらず学問のことを話し、琴を奏でている。たまりかねて子路が食ってかかった。

「君子でも窮迫することがあるのですか」

孔子「もちろんだよ。だが小人のように取り乱したりはしない」

子貢も怒っているのを見て、孔子は諭した。だが弟子たちの動揺は増すばかりである。さらに子路、子貢と『詩経』を題材に問答を重ねた。

子貢「先生の道はあまりに大きい。だから天下は受け入れないのです。世人が受け入れやすいように、道をもっと卑近なものになさってはいかがでしょうか」

孔子「君子は道をきわめ、天下を治める規範をつくるが、必ずしも天下に受け入れられない。お前は十分に道をきわめないで、受け入れられることばかり考えている。志が卑小ではないか」

次に顔回《がんかい》（顔淵）が来た。同じ問答になった。

顔回「先生の道はあまりに高遠です。だから天下が受け入れかねているのです。入れられなくてもなんの憂えることがありましょう。われわれが道をきわめることを怠ればわれわれの恥ですが、道をきわめた者を登用しないのは、為政者の恥です。入れられぬことこそ君子の誇りであります」

孔子はわが意を得たと、会心の笑みをもらし、
「もしお前が資産家だったら、執事にでも雇ってほしいところだ」
このあと、孔子は子貢を楚の昭王《しょうおう》に使いにやり、救いを求め、昭王はただちに軍隊を派遣して孔子を保護し、一行は窮地を脱することができた。

昭王は孔子を小領主に封じて登用しようとしたが、宰相の子西《しせい》が反対した。わが楚の家臣に、顔回・子路・子貢のような人材はいないのに、孔子を登用すると、庇《ひさし》を貸して母屋を取られかねないというのである。昭王は思い留まり、孔子が楚にかけた最後の期待は潰《つい》え去った。その年、昭王は亡くなった。

孔子は衛を経て十四年ぶりに魯に戻った。魯は定公《ていこう》の子の哀公《あいこう》の時代になっていた。孔子を用いる器量はなく、孔子のほうも仕官への熱意はなくなっていた。ひたすら弟子の教育と古典の編集に心を用いた。亡くなったのは前四七九年、七十三歳だった。

歴史を通して真理を語る

司馬遷は魯へ行き、孔廟《こうびょう》に参り、遺品を拝観した。また儒者たちが孔子の旧居で、儀式の稽古をしているのを見て、立ち去りがたい思いがした、と「太史公曰く」に述べる。おそらくこのときに、孔子を列伝でなく、世家に入れる決意をしたのであろう。

春秋戦国の世家の家系は、傑出した人物が出たときは栄えても、その人物が死ねばおおむねおしまいだった。孔子は無位無官で亡くなったが、その子孫十数代ののちまで学問を伝え、司馬遷のころ、儒学は勃興した。家柄の世襲ではなく、精神文化の世襲であった。司馬遷には精神文化は世襲されるべきものである、とする主張があった。

だから現実には「喪家の狗」のような様子をさらし、政治への満々たる野心は遂げられなかったが、精神文化の先覚者として、その道統を確立し、子孫に伝えた功績の大きさを評価したのである。「仲尼弟子列伝」も「儒林列伝」もその線にそって書かれた。

孔子が『春秋』を著した意義を、司馬遷はとても重要視していた。『春秋』を、前七二二年から前四八一年までの、十二代にわたる、単なる魯の年代記とは考えなかった。「太史公自序」に述べる通り、孔子は抽象的な理論によって真理を語るより、実際の歴史を述べることによって真理を語るほうが、はるかに深く、かつ適切であると思ったから『春秋』を書いたのだった。

したがって年代記の中に、孔子は永遠に通じる真理を組み込んであるはずで、「微言大義」とはそのことである、という公羊学《くようがく》の立場に、司馬遷は立つ。各国の歴史から同時代を補強する、実証的な「左氏伝」の立場はとらないのである。

しかし司馬遷の修史は、『春秋』の精神をふまえながら、太古から当時の現代までの壮大な歴史空間をつくりあげた。その根底には、やはり『春秋』がある。司馬遷の情熱は、孔子の修史を原動力にしているように思う。

終章　司馬遷と「太史公自序」

修史は家伝のいとなみ

十二本紀・十表・八書・三十世家・七十列伝。総計して五十二万六千五百字を司馬遷は数えている。太史令に任じられて史料の収集を始めてから二十余年、あの忌むべき宮刑に処せられてから十余年、ついに修史は完了した。

いまの紙に記した書物に比べると、文字を記した木簡の分量は、想像もつかない膨大なものになったはずである。その蓄積を前にして、司馬遷は茫然とした思いに駆られたに違いない。

しかしいまや自分の修史への思いを託す「自序」執筆のときが来た。司馬遷はおもむろに修史の事業が、自分の家の家伝による使命であることから語り始める。

それは太古の世、重《ちょう》・黎《れい》の二氏が、天地の運行を観察し、記述したことに始まっている。周代に黎氏の子孫は、世襲の官を捨て、司馬氏を名乗るようになり、以後司馬氏が代々宮廷の記録を司るようになった。戦国から秦漢の時代にかけて、司馬氏は衛・趙・秦に分散して住んだ。秦の鉄の生産と販売を司る主鉄官となった司馬昌の子孫が、漢代になってから長安に住み、司馬遷の父司馬談《しばたん》に至っている。漢の史官である太史令となったので、「太史公」と呼ばれた。位は低いが、朝廷の会議では帝の側に侍るので、名誉の官だった。

司馬談は当時きっての学者だった。いろんな学派の学説を研究し、陰陽家・儒家・墨家・名家・法家・道家に六大別し、『易』の繋辞伝《けいじでん》をふまえて、考え方は違っても、帰するところは同じく天下を治めるための学問であるとした。司馬談は無為自然の道家の説に、もっとも共鳴するところがあったようである。また人間は精神と肉体が合一した存在で、精神・肉体が衰弱しながら、天地とともに永遠であることを願ってもかなえられるはずがないと考えていた。

父、司馬談の痛憤

司馬遷は竜門《りゅうもん》（陝西《せんせい》省北部）に生まれ、青年のころから各地を旅行した。侍従見習となってから、勅命によってさらに各地を旅行した。使命を果たして帰還し、洛陽のあたりで父と対面したとき、父司馬談は痛憤の極にあった。この年、前一一〇年、武帝が泰山で漢王朝始まって以来の封禅《ほうぜん》の儀式を行うに当たって、太史令である司馬談は招かれなかったのである。

司馬談は病床にあった。招かれなかったから憤りを発して病気になったのか、病気だったから招かれなかったのか、いまとなっては事情はわからない。父は息子の手をとって、自分が書き著せなかった修史の事業をかならず完成させるように訴えた。漢が興隆して天下は統一され、名主・賢君・忠臣・義士が輩出している。いまこそ修史に取り組む時機ではないか。こういって司馬談は亡くなった。

司馬遷は、修史の目標を孔子が編纂したと伝えられる『春秋』に置いた。上大夫の壺遂《こすい》の質問に答えるかたちで「孔子は二百四十二年間の歴史を書いたが、それは単に魯の事績を述べたのではなく、天子の不善、諸侯の無道を批判し、王道を明らかにする哲理を表そうとしたものだ」といった。

孔子は哲理を抽象的なことばで述べるより、具体的な歴史事実に即して述べたほうが、より深く、よりはっきり書き表せると思って『春秋』を編纂した。これは孔子が実際にいったことばであり、司馬遷もこの精神を体して、修史を志したのであるといっている。

しかし実際には、『春秋』が魯の国の二百余年の限定された歴史のなかに大義を盛ったのに対して、自分は古来の故事・伝承を総括し、当代までの長い長い期間の歴史を、創作でなく、事実のみの記述にしようとした。前一〇八年、父の跡を継いで太史令となって、この意欲はいよいよ燃え上がったであろう。

恥ずべき宮刑

だが執筆を始めて六年後、思いがけぬ禍がやってきた。匈奴《きょうど》に敗戦して囚《とら》われの身となった将軍李陵《りりょう》を弁護したため、武帝の怒りを買い、男子としてもっとも恥ずべき宮刑《きゅうけい》、男根を断ち切る刑に処せられたのである。

武帝には、司馬遷が李陵を弁護して、自分がもっとも信頼する将軍李広利《りこうり》をおとしめたという誤解もあった。このあたりの事情は、司馬遷が知人の任安《じんあん》に宛てた書簡で、後に『文選』に収録された「任少卿《じんしょうけい》(任安)に報ずるの書」にくわしい。武帝の怒りを恐れて、だれひとり弁護に立ってくれる者がなかったのも衝撃だった。罪をあがなうための財産を持たない司馬遷は、生きるために宮刑を願い出て執行された。

自分はもはや男子ではない、人間の屑になったと司馬遷は懊悩《おうのう》した。死ぬほうがよほどましだったが死ねなかった。自分を「生」につなぎとめる「修史」という事業の重さをあらためて痛感したのではないだろうか。

と同時に、人間は本質において悲劇的な存在であることに思い至り、そのことから人間に対する洞察を深めたはずである。そういう洞察は、歴史記述の行間を縫って、文中に時として顔を出す。

足切りにされた孫臏《そんぴん》が、自分を陥れた龐涓《ほうけん》を計略にかけて死に追いこんだのは見事だが、そんな彼が、なぜ自分を陥れるわなを見抜けなかったのか。

「淮陰侯列伝《わいいんこう》」では、韓信に天下三分をすすめる蒯通《かいつう》のことばに、ずいぶん多くが割かれている。韓信自身には「天下が治まってから反逆を図っても、一族皆殺しになって当然」とクールな評価を下しながら、蒯通の意見を採用しなかったのが残念そうに響く。

一方「越王勾践世家」の後半のほとんどは「范蠡《はんれい》列伝」といっていいほどで、その貨殖活動をくわしく述べた末に、

「范蠡は三たび居所を移したが、どこへ行っても高いほまれを得て、後の世まで記憶された」

と称賛を惜しまない。

このように列伝はもとより、本紀、世家も単なる本紀、世家からはみ出しているところは、司馬遷の人間洞察の感慨の跡と見られ、まるで小説を読む思いがする。

『史記』は人間の書

司馬遷は記述のところどころで、人間洞察のために感情移入をしただけではない。「太史公自序」のなかで重大な発言をしている。過去の悲劇的な大人物たちが、悲劇に遭遇することによって発憤して名著を遺し、それが人類最高の文化遺産になっていることに思い至ったのである。

司馬遷は記す。

「西伯（文王）は羑里《ゆうり》に幽閉されてから『周易』を発展させた。孔子が『春秋』を編纂したのは、陳・蔡で非常な難儀に遭って後だった。屈原の『離騒』は、追放という非運のなかから生まれた。左丘明《さきゅうめい》は失明ののち『国語』を著し、孫臏は足を断たれてから不朽の兵法を編み出し、呂不韋は蜀に流されてのち『呂氏春秋』を世に伝え、韓非子は秦に抑留されて『説難《ぜいなん》』『孤憤』を書いた。『詩経』三百篇の詩も、そのほとんどが聖賢のこみあげる思いの作品である。このように人はみな、心に鬱積したもののはけぐちが見出せぬとき、往時を語って、未来に期待を託したのである」

末尾のくだりは、「任少卿に報ずるの書」ではもっと切実である。

「たとえば左丘明や孫臏は、視力を失い足を断たれて、もはや世に立つ希望も捨てざるを得なかったがため、筆に積憤を託し、無力な言辞に己れのすべてをかけたのです」

これらの人々の鬱積の情が凝って名著を生むくだりを記す司馬遷の筆は、次第に熱を帯びてくる。往時の人々を思う熱い心は、文天祥《ぶんてんしょう》の「正気歌」の結び、

「風ふく簷《のき》に書を展げて読めば　古き道は顔色を照らす」

に一脈通じるであろう。宮刑を受け、逼塞《ひっそく》しながら、血を吐く思いでつづる自分の文章も、実は「永遠」を欲しているのだ――。

五十二万六千余字の大著を、司馬遷は『太史公書』と名づけた。みずからの鬱屈を解き放ったこの書物が、すんなりと後世に伝わるとは、司馬遷も予期しなかったのであろう。正本を名山に納め、副本を都に置いて後世の聖人君子の批判を待つ、と書いて筆を擱《お》いた。それ以来二千有余年、風雪のなかで『史記』は色褪《あ》せず、不朽の書として世に伝わった。それが「人間の書」だったからである。

おわりに

二〇〇四年四月末から五月初めにかけて、わたくしは主に「三つの赤壁」を訪れる旅行団に加わって、中国を旅した。佐藤一郎・慶応大学名誉教授を団長とする、総勢二十二人、かなりにぎやかな一行だった。

武漢に着いて二日目の夕食時、武漢大学助教授の覃啓勲《たんけいくん》氏がわれわれ一行を訪れ、しばらく歓談した。そのとき一冊の本をいただいた。質素な装幀の二百ページ余りの本で、標題は『史記与日本文化』(史記と日本文化)である。同氏の大学院修士論文に手を入れて出版したものと、同行の平井徹・慶応大学講師から聞いた。平井氏と覃氏は旧知の間柄で、このときは携帯電話で連絡を取り合って、夕食の席に招いたのだった。平井氏にも日本人の『史記』研究についての論文がある。

帰りの飛行機のなかで読み始めると、日本のことをよく調べてあり、実に面白い。帰ってから読了したが、その全容をここでくわしく述べることはとうてい不可能なので、要点を二、三拾いあげることにしたい。

覃氏は、中国でも日本でも『史記』本文の解釈ならびに注釈は、長年の研究の蓄積によってほぼ完璧に近いが、『史記』の文学的価値や、『史記』に書かれている多様な人物に対する人間学的な探究は、まさにいま始まったばかりであると述べる。これはわたくしも同感で、なにより今回のわたくしの著作の仕事にとって、非常な励ましになった。

中国の古典つまり漢籍の日本への伝来は、『古事記』『日本書紀』では、百済経由での『論語』と『千字文』だと記されているが、古い時代のことで確かではない。『史記』を筆頭とする史書の伝来は、六〇〇年、推古天皇のとき、聖徳太子が派遣した遣隋使に始まる。つまり覃氏は、六〇〇年まで、日本には中国の史書は皆無だったと断言する。

しかしいったん隋・唐との交流が開けてから、日本朝廷の史書輸入と研究への情熱は急騰し、その余波は、遣唐使が廃止された平安朝以後も、絶え間なくつづいた。とくに江戸時代の船積み荷物の重要部分を史書はじめ漢籍が占めたことは、日本側の史料をくわしく考察してリストがつくられている。

その結果、幕末ごろには主な漢籍は日本にほぼ全部そろうことになり、これが漢学の発展に非常に貢献したことがくわしく述べられている。二国間で書物の取引がこのように一方的かつ大量にのぼったことは、世界の歴史でも例がないのではないかという。わたくしもいまさらながら、この「片貿易」のすごさに驚いた。

『史記』の日本文化とりわけ日本文学への多様な影響も、日本人学者によるユニークな研究の成果も、このような日本での漢籍の流通から生まれてくるわけである。

ここでは文学への影響の例として『源氏物語』を挙げておこう。覃氏によれば『源氏物語』は、けっして窈窕《ようちょう》とした恋物語の集積ではなく、奴隷制の上に君臨した平安貴族の社会が崩壊し、封建社会が生まれる過渡期を生きいきと描いた一大絵巻であり、その底には『史記』の世界観が流れている。紫式部が『史記』に親しみ、十分読みこなしていた形跡はあるから、興味ある見方である。また桐壺帝、弘徽殿《こきでん》、藤壺の関係を、漢の高祖、呂太后、戚夫人の間柄になぞらえたのだ、という見方をも、日本の学者の論文をふまえて考察している。

『史記』の文章の文学性については、宮崎市定の「身振りと文学」を引用し、「刺客列伝」の荊軻が秦王に挑む個所の迫真性、「魏公子列伝」の「睥睨《へいげい》」という表現に注目したユニークさを紹介している。宮崎論文はわたくしも注目したものであり、読みながら「わが意を得たり」と思った。

一冊の本ができあがるには、多くの方々のご教示とお励ましによるところが大きい。とくにフリーの編集者小山光氏と、講談社現代新書出版部の山岸浩史副部長にお礼を申し上げたい。あわせて貴重な著作によって啓発してくださった覃啓勲氏にも感謝をささげたい。

雑喉　潤

N.D.C.920 246p 18cm
ISBN4-06-149775-8

講談社現代新書 1775

『史記《しき》』の人間学《にんげんがく》

二〇〇五年二月二〇日第一刷発行

著者 雑喉《ざこう》 潤《じゅん》 ©Jun Zako 2005

発行者 野間佐和子

発行所 株式会社講談社

東京都文京区音羽二丁目一二―二一 郵便番号一一二―八〇〇一

電話 出版部 〇三―五三九五―三五二一

販売部 〇三―五三九五―五八一七

業務部 〇三―五三九五―三六一五

装幀者 中島英樹

印刷所 凸版印刷株式会社

製本所 株式会社大進堂

定価はカバーに表示してあります Printed in Japan

「講談社現代新書」の刊行にあたって

教養は万人が身をもって養い創造すべきものであって、一部の専門家の占有物として、ただ一方的に人々の手もとに配布され伝達されうるものではありません。

しかし、不幸にしてわが国の現状では、教養の重要な養いとなるべき書物は、ほとんど講壇からの天下りや単なる解説に終始し、知識技術を真剣に希求する青少年・学生・一般民衆の根本的な疑問や興味は、けっして十分に答えられ、解きほぐされ、手引きされることがありません。万人の内奥から発した真正の教養への芽ばえが、こうして放置され、むなしく滅びさる運命にゆだねられているのです。

このことは、中・高校だけで教育をおわる人々の成長をはばんでいるだけでなく、大学に進んだり、インテリと目されたりする人々の精神力の健康さえもむしばみ、わが国の文化の実質をまことに脆弱なものにしています。単なる博識以上の根強い思索力・判断力、および確かな技術にささえられた教養を必要とする日本の将来にとって、これは真剣に憂慮されなければならない事態であるといわなければなりません。

わたしたちの「講談社現代新書」は、この事態の克服を意図して計画されたものです。これによってわたしたちは、講壇からの天下りでもなく、単なる解説書でもない、もっぱら万人の魂に生ずる初発的かつ根本的な問題をとらえ、掘り起こし、手引きし、しかも最新の知識への展望を万人に確立させる書物を、新しく世の中に送り出したいと念願しています。

わたしたちは、創業以来民衆を対象とする啓蒙の仕事に専心してきた講談社にとって、これこそもっともふさわしい課題であり、伝統ある出版社としての義務でもあると考えているのです。

一九六四年四月　野間省一

哲学・思想I

66 哲学のすすめ——岩崎武雄
159 弁証法はどういう科学か 三浦つとむ
168 実存主義入門——茅野良男
225 現代哲学事典——山崎正一 市川浩 編
501 ニーチェとの対話——西尾幹二
871 言葉と無意識——丸山圭三郎
881 うそとパラドックス 内井惣七
898 はじめての構造主義 橋爪大三郎
916 哲学入門一歩前——廣松渉
921 現代思想を読む事典 今村仁司 編
977 哲学の歴史——新田義弘
989 ミシェル・フーコー——内田隆三

1001 今こそマルクスを読み返す——廣松渉
1286 哲学の謎——野矢茂樹
1293 「時間」を哲学する——中島義道
1301 〈子ども〉のための哲学 永井均
1315 じぶん・この不思議な存在——鷲田清一
1325 デカルト＝哲学のすすめ——小泉義之
1357 新しいヘーゲル——長谷川宏
1383 カントの人間学——中島義道
1401 これがニーチェだ——永井均
1406 哲学の最前線——冨田恭彦
1420 無限論の教室——野矢茂樹
1466 ゲーデルの哲学——高橋昌一郎
1504 ドゥルーズの哲学——小泉義之

1525 考える脳・考えない脳——信原幸弘
1544 倫理という力——前田英樹
1575 動物化するポストモダン——東浩紀
1582 ロボットの心——柴田正良
1600 ハイデガー＝存在神秘の哲学——古東哲明
1614 道徳を基礎づける——フランソワ・ジュリアン 中島隆博 志野好伸 訳
1635 これが現象学だ——谷徹
1638 時間は実在するか 入不二基義
1651 私はどうして私なのか 大庭健
1675 ウィトゲンシュタインはこう考えた——鬼界彰夫

哲学・思想Ⅱ

13 論語——貝塚茂樹
285 正しく考えるために 岩崎武雄
324 美について——今道友信
846 老荘を読む——蜂屋邦夫
857 ジョークの哲学——加藤尚武
1007 日本の風景・西欧の景観——オギュスタン・ベルク 篠田勝英 訳
1123 はじめてのインド哲学 立川武蔵
1150 「欲望」と資本主義——佐伯啓思
1163 「孫子」を読む——浅野裕一
1247 メタファー思考——瀬戸賢一
1248 20世紀言語学入門—加賀野井秀一
1278 ラカンの精神分析——新宮一成
1335 知性はどこに生まれるか 佐々木正人
1358 「教養」とは何か——阿部謹也
1403 〈自己責任〉とは何か 桜井哲夫
1436 古事記と日本書紀 神野志隆光
1439 〈意識〉とは何だろうか—下條信輔
1458 シュタイナー入門——西平直
1542 自由はどこまで可能か 森村進
1554 丸山眞男をどう読むか 長谷川宏
1560 神道の逆襲——菅野覚明
1579 民族とは何か——関曠野
1629 「タオ＝道」の思想 林田愼之助
1655 生き方の人類学——田辺繁治
1669 原理主義とは何か——小川忠
1688 天皇論を読む 近代日本思想研究会 編

政治・社会

世界の言語・文化・地理

F

日本史

369 地図の歴史(日本)――織田武雄
1092 三くだり半と縁切寺――高木侃
1257 将軍と側用人の政治―大石慎三郎
1258 身分差別社会の真実―斎藤洋一 大石慎三郎
1259 貧農史観を見直す―佐藤常雄 大石慎三郎
1260 鎖国=ゆるやかな情報革命 市村佑一 大石慎三郎
1261 流通列島の誕生―林玲子 大石慎三郎
1265 七三一部隊――常石敬一
1292 日光東照宮の謎――高藤晴俊
1322 藤原氏千年――朧谷寿
1379 白村江――遠山美都男
1394 参勤交代――山本博文
1414 謎とき日本近現代史 野島博之
1461 日本海海戦の真実――野村實
1482 「家族」と「幸福」の戦後史 三浦展
1559 古代東北と王権――中路正恒
1565 江戸奥女中物語――畑尚子
1568 謎とき日本合戦史――鈴木眞哉
1599 戦争の日本近現代史 加藤陽子
1607 鬼平と出世――山本博文
1617 「大東亜」戦争を知っていますか――倉沢愛子
1648 天皇と日本の起源 遠山美都男
1680 鉄道ひとつばなし――原武史
1685 謎とき 本能寺の変――藤田達生
1690 源氏と日本国王――岡野友彦
1702 日本史の考え方――石川晶康
1707 参謀本部と陸軍大学校 黒野耐
1709 日本書紀の読み方 遠山美都男 編
1724 葬祭の日本史――高橋繁行
1737 桃太郎と邪馬台国――前田晴人

世界史I

80 教養としての世界史 西村貞二
834 ユダヤ人――上田和夫
934 大英帝国――長島伸一
959 東インド会社――浅田實
968 ローマはなぜ滅んだか 弓削達
1017 ハプスブルク家――江村洋
1019 動物裁判――池上俊一
1076 デパートを発明した夫婦 鹿島茂
1080 ユダヤ人とドイツ――大澤武男
1088 ヨーロッパ「近代」の終焉――山本雅男
1097 オスマン帝国――鈴木董
1125 魔女と聖女――池上俊一
1151 ハプスブルク家の女たち 江村洋
1249 ヒトラーとユダヤ人 大澤武男
1252 ロスチャイルド家 横山三四郎
1282 戦うハプスブルク家 菊池良生
1306 モンゴル帝国の興亡〈上〉――杉山正明
1307 モンゴル帝国の興亡〈下〉――杉山正明
1314 ブルゴーニュ家――堀越孝一
1321 聖書vs.世界史――岡崎勝世
1361 ハプスブルク帝国を旅する――加賀美雅弘
1366 新書アフリカ史――宮本正興 松田素二 編
1389 ローマ五賢帝――南川高志
1442 メディチ家――森田義之
1486 エリザベスI世――青木道彦
1557 イタリア・ルネサンス――澤井繁男
1572 ユダヤ人とローマ帝国 大澤武男
1587 傭兵の二千年史――菊池良生
1588 現代アラブの社会思想 池内恵
1664 新書ヨーロッパ史 中世篇――堀越孝一 編
1673 神聖ローマ帝国――菊池良生
1687 世界史とヨーロッパ 岡崎勝世
1705 魔女とカルトのドイツ史――浜本隆志
1712 宗教改革の真実――永田諒一
1715 ハプスブルク家の宮殿 小宮正安
1732 ハプスブルクをつくった男 菊池良生

世界史Ⅱ

文学